# 狂飆一夢

THE PRICE
OF DEMOCRACY

## 台灣民主化與沒有歷史的人

廖建華・何孟樺——編著

# 目錄

◆一九八九年國會全面改選／謝三泰攝影

◆一九八九年新國家運動遊行／謝三泰攝影

◆一九八九年行憲紀念日封鎖中華路／謝三泰攝影

◆一九八七年士林官邸抗議國安法／北基會提供

◆一九八七年士林官邸抗議國安法／北基會提供

◆一九八七年士林官邸抗議國安法／北基會提供

◆一九八七年士林官邸抗議國安法／北基會提供

◆ 一九八七年國會全面改選／邱萬興攝影

◆一九八七年士林官邸抗議國安法／北基會提供

◆一九八七年國會全面改選／謝三泰攝影

◆一九九一年民進黨台東縣黨部於台北遊行／黃耀明攝影

◆ 反萬年國代／黃耀明攝影

◆反萬年國代／黃耀明攝影

◆ 反萬年國代／黃耀明攝影

# 推薦語

◎狂飆推薦——李宜珊／導演、楊佳嫻／作家、賴品妤／太陽花學運戰將。

◎感謝這些民主前輩，發揮「勇猛頑強」的精神，讓自由和民主能在台灣開花結果。

——吳怡農／特戰男神，新世代安全論壇發起人

◎時代不應該只由某些明星來寫成，也不該全由他們的視角論定。《狂飆一夢》是另一種證詞，也是這些隱身在大寫歷史背後的基層運動者的「後來怎麼了」。於是也成了這個時代的註腳。

——阿潑／轉角國際專欄作者

◎好看的紀錄片永遠比好看的劇情片更好看，因為紀錄片訴說了人們真實的情感與故事。《狂飆一夢》就是這樣好看的片子。每一場街頭運動的背後，都有無數與你我一樣、掙扎於理想與生活的小人物。面對生活的考驗，我們沒有選擇，只能迎著風浪，保護心中的小小火焰沓沓仔行。

——拍謝少年／台灣土產搖滾樂隊

◎在變動的時代中，別遺忘了一群默默付出的大人物。

——邱義仁／民進黨創黨小組成員

◎這本書讓我們更全面的理解台灣民主化。尤其是以往被忽略的庶民的貢獻。

——姚人多／清華大學社會學研究所副教授

◎在這個歌詠流量而碾碎小人物日常的時代，尤其需要有人走進台灣運動史的縫隙，探究曾參與關鍵時刻的那些臉孔，在無聲隱退的狀態中，承接住多少持續性的傷害、在他們身邊細數時間遺留在臉上的刻痕與皺摺；為此而寫下的字字句句都是銳利見證，亦是溫柔的陪伴。

——陳夏民／出版人

◎在那恐懼威迫的年代，有許多人在風中、在雨中、在困境中，無懼無畏站上抗爭的第一線爭取自由民主。在那年代過去後，這些人默默回歸平凡，繼續艱苦為生活奔波，但這些勇敢與堅持的故事應該紀錄傳承，也值得台灣社會給予更多的掌聲及永遠的感念。

——陳菊／美麗島事件政治犯

（依姓名筆劃序）

導讀

# 以「失敗者的群像」讓「權力場的運作」顯影／陳平浩

廖建華的第二部紀錄片《狂飆一夢》以及圍繞著它、構造了它的田野踏查文字紀錄，在此時此刻面世，其實相當不合時宜。

不合時宜。

紀錄片《狂飆一夢》以二位打從黨外時代就熱情投入反對運動的行動者作為紀錄對象，一是從黨外份子到基層黨工的康惟壤，另一是政治反對運動裡當年仍屬少數的女性參與者之一曾心儀。前者在九〇年代反對運動從「街頭路線」轉進「議會路線」、不再「打破頭」改以「數人頭」之後，也投入了選舉——但最終鎩羽而歸，即使自立門戶、持續組織，此後也仍然難以有所施展；後者年輕時在男性作為主體的運動圈裡備受矚目，同時，也飽受顯微鏡的審視。反對運動在政治上無疑是進步的，但在性別上卻未必同步——在國民黨仍然壟斷政治權力的大架構底下，對抗行動及其文化，往往是（或必然是？）同樣父權的。

二位紀錄對象的性別差異，在性別意識已然提升的當代青年運動者眼中，顯而易見；然而，此一差異在八、九〇年代的政治運動裡、在當年的權力場域裡、在私領域的情感關係與婚姻家庭裡，各自刻劃出來的迴異軌跡，卻仍然值得當代觀眾沉吟思索，追問「性別政治」的權力運作和深層結構是否已被改變（或至少改善了）呢？

不過，二者最關鍵的共通點是：他們都是「失敗者」。但這不是時下年輕人自嘲的「魯蛇」——尚能如此自我揶揄（甚或自我標舉），還有在聲量上能夠被察覺與辨認的言語，暗示這是一個內涵淘空之後被輕巧挪用的認同政治詞彙。《狂飆一夢》裡的「失敗者」，一點都不美麗，而是在冷硬現實政治角力場敗下陣來的人，在滾沸政治運動洶湧浪潮過去之後，沒能乘著浪尖占據位置或攫獲權力的人，被留在原地的人，剩餘的人，零餘者，沒有歷史的人。

隨紀錄片一同誕生的專書《狂飆一夢——台灣民主化與沒有歷史的人》（書名也許借自 Eric R. Wolf 的歷史人類學經典《歐洲與沒有歷史的人》），可以視為紀錄片的外延或補遺——紀錄片本身始終就不是一件封閉文本，而是現實的切片、一扇窗口、指向外在具體世界的索引、或由真實社會所蒸餾出來的一則濃縮隱喻。紀錄片讓觀眾獲知（恐怕不是想起）這些失敗者的存在，專書則一方面作為拍攝前期田野調查的民族誌，一方面也沿著那些隨著鏡頭兀自向外延伸、勾連了畫外音一般更為寬闊的人際網絡（與更多黑箱內幕或江湖恩怨）、最終無法依循紀錄片作為一個終究有限的作品而一一收納進來的小徑，繼續踏查下去。

這些被收納進來的、人跡罕至的小徑，其實皆具代表性。比如詹益樺，相對於鄭南榕的硬芯獨派、衝組、激進派、殉道者、殉國者、甚至「台灣國國父」，近年已然成為年輕世代心目中的標竿、模範、偶像（若非神祇的話）；詹益樺只是一名基層黨工、運動裡的雜工、衝組裡的一員，同為衝組，但遠非領袖。多數年輕人先是認識鄭南榕，稍後或者許久以後才因為被提醒或被告誡「不可偶像崇拜、運動的基礎是基層」才得以認識詹益樺——詹益樺成為「我們不可遺忘之基層黨工的代表」，但也彷彿就此結案，詹益樺成為無名黨工的有名代表。

還有誰？為什麼我們必須記得無名的他們？難道要為他們一一建檔、逐個立傳嗎？這難道不也再度複製了「封神」的邏輯嗎？

具有辯證意味的是，雖然「鄭南榕VS詹益樺」乍看是廖建華此一「為『沒有歷史的人』述說歷史」任務的典範，實則恰恰相反。二者都以自焚明志，此後，鄭南榕無法再獲得權力與位置，詹益樺也無法再體現無歷史者的處境（遑論讓他自己發聲說話）。二者透過此一對照而僅以秀異的或殊異的個體性現身，因而無法體現「沒有歷史的人們」——the People without History，原文裡是複數的「人們」，而非單數的「人」。廖建華在紀錄片裡選擇了除了性別之外沒有什麼尖銳對比的二位對象，以此呈現這並非是一組以工整對立邏輯所建立的典範性框架，而是指向一種社會關係與政治運作的案例而已，這暗示著除了鏡頭裡的兩人之外還有更多如此「失敗者」的存在，紀錄片因而不是出於「立傳」甚或「封神」的動機，而是對於這些失敗者們如何在歷史（台灣民主化的歷史）中出現，是哪些層疊鑲嵌的社會關係、權力運作、政治場域，讓他們被「生產」出來——正如「政治領袖／菁英／明星」也是在這樣的過程裡被「生產」出來。

這也難怪廖建華在拍攝紀錄片之際與之後，起心動念編纂這樣一本「失敗者們」的訪調。與其說是一一點兵點將（這是永遠點不完的），不如說是透過盡可能多的受訪者（止於廖建華拍攝紀錄片前後所能接觸與建構的網絡範疇內），看看能否以一個接著一個「具體行動者」（有血有肉有眼淚）所串連起來的「群像」形式，勾勒出八〇至九〇年代這群「黨工」的集體樣貌，這是台灣史上前所未有的一群人（日後還會不會有呢？）——相對於國民黨的黨工（在轉型正義工程啟動並凍結鉅額黨產之前）雖說不見得個個錦衣玉食、但皆在整編有序的體系內近乎「公務員」（那可是黨國不分的體制）的溫飽和穩定。反觀從黨外時代到民進黨執政的這些綠營或台派黨工，幾乎都是在一陣對於民主的激情裡燃燒個體，自願投入回報闕如或微薄的、激烈的甚至生命和身家遭受威脅的「衝撞運動」裡——政治菁英們對生了惡魔犄角的國民黨、對其他同一陣營的頭角崢嶸競爭者，本能地鬥爭博弈，那是一座巨大的不斷激烈震盪的彈珠台，底層黨工或欠缺政治資本者，往往就是自願衝撞同時也被衝撞的一粒粒彈珠，甚至，一將功成萬骨枯，不乏淪為彈藥或砲灰。

然而，在此時此刻，指認、描繪、甚至僅僅只是提及這些人，都是不合時宜的。

值此香港正從反送中運動轉進革命甚至港獨的時刻；值此帶風向、假新聞、資訊戰、滲透與離間、中國五毛網軍推進，紅色恐怖籠罩逼近；值此選戰緊繃，硝煙四起，各陣營為求生存而呼喊「這次不投誰日後誰也沒得投」的關頭——亦即，危急存亡之秋，尖銳「亡國感」令人口焦舌燥，救國、保國、愛國的行動（從上街遊行聲援香港到網路上轉貼政宣圖文或澄清謠言），一如燃眉之火正在燎原延燒的倒數計時——

此時，這部紀錄片的上映、這本民族誌的出版，對許多前線作戰、後勤補給的戰友（甚至根本就是廖建華的昔日哥們或同志）而言，廖建華正在扯後腿、挖牆腳、窩裡反，根本就是顧人怨的豬隊友，甚至，「抓耙仔」或「背刺者」。

因為，一旦繪製這幅「失敗者群像」，勢必會讓檯面上不少政治人物的「黑歷史」或隱或顯地曝光。持平地說，但同時也是刻薄地說，能夠在國民黨以長期戒嚴所立基的政治場域（即使已然民主化但仍未能連根拔除、全盤重整）裡成為「上位者」，誰不是依循了政治現實邏輯，而或多或少犧牲了（有的是踐踏了）社會邏輯和人性邏輯（以及眾多的「抬轎者」）？

這並非站在道德高地往下對政治人物指指點點——政治現實就是如此叢林法則、弱肉強食。但若皆以「就是如此」迴避、打發、自我辯護，則是「犬儒」以及「真正的墮落」。我們總得指出，在台灣獨特的政治史和政治空間內，哪些是帶有普世性的「人性使然」，哪些又是根深柢固的戒嚴遺毒以及迄今民主深化仍然不夠徹底所造成的機制或制度。

然而，不難想像有人會指責：廖建華這部紀錄片的上映與這本訪談錄的出版，不是「對的時機點」——不過，究竟何時才是「對的時機點」呢？

在「以大局為重」的義正辭嚴（或託辭、遁辭）之下，恐怕永遠沒有「對的時機點」。

然而，只消我們稍微回想一下，二〇一四年三一八運動之後諸多「運動傷害」的談論，那麼，「現在」就是「對的時機點」。

廖建華的上一部紀錄片《末代叛亂犯》，抓住了「狂飆時代的尾巴」——既是指在題材上的八〇末九〇初、野百合運動前夕；也是指製作與放映的時刻，正是由野草莓運動所開啟的八年狂飆的尾巴。——這部紀錄片非常切合時勢。

但不合時宜的《狂飆一夢》，卻開了一個遲來的頭，檢討黨外運動到八〇年代之間的「運動傷害」——必然會有不少三一八運動的參與者能深刻共鳴、絲毫不覺得這牴觸了「以大局為重」。

終於，我們擁有了作為「教戰手冊」的紀錄片，不封神不造神，而是勾勒出社會運動所在的政治場域裡的權力軌跡——傅榆的《我們的青春，在台灣》以及江偉華的《街頭》，皆可視為針對「三一八運動傷害」的「放血」之作，前者是大眾入門版，後者是社運幹部和新血的必備教材。至於廖建華的《狂飆一夢》，可以看做：對有志社會運動和有心以政治作為志業的年輕人說：「看哪，人性的，太人性的。這個場域是如此運作。凡事都是有代價的。」

猶記當年一頭熱、深受學長感召、立志當左派的大學時代，苦惱於「文藝如何介入社會」（比如電影社能否轉型為一左翼社團），曾經當面徵詢（如果不是質問的話）一位外文系教授：如何在學院知識份子和街頭社會運動者之間抉擇？教授並沒有正面應答，反而談起一位昔日友人，「當我留學歸國，進學院任教，某日偶然重逢那位一度在街頭對抗鎮暴警棍而頭破血流的老友。如今，他枯槁疲憊，了無生趣，看起來好像『被什麼所經過了』。」——不是「我經歷了什麼」而是「我被什麼經過了」。令人悚然。

當最後進入體制或掌握了政治資本和權力的少數人，得以在台灣民主運動史的框架下描述「我經歷了什麼」，那些沒占到位置、沒能獲得權力的無名者也許連「我被什麼經過了」裡的那個「什麼」都難以言說。

這部紀錄片，這本訪談錄，就是把它給說出來的嘗試。

導讀

## 這不是「凝視」，而是凝望／嚴婉玲

今年是二〇一九年，四十年後回頭看這個年份不曉得會被後見之明詮釋成什麼樣的一年，我很期待屆時史家寫著，這是中共政權崩解、香港得到真普選、台灣獨立的前夕。

那如果回望二〇一九年的四十年前，是一個什麼樣的年份？一九七九年十二月，美麗島事件發生，不管是運動的組織、動員模式或透過媒體報導軍審實況所造成的影響，都是台灣民主運動史上的新篇章。那一代年輕人追求政治解放的方法已經與一九六〇年代的地下黨不同，如同二〇〇八年野草莓運動者透過網路與高鐵讓全台各地行動即時互通聲息，也又與八〇年代的運動形式有顯著差異了。

但這篇導讀我沒打算從大的歷史敘事角度切入，那樣會失去太多細節。對四十歲以上的讀者而言，這裡面提到的時代也都經歷過，有自己的記憶，形成可與歷史書寫對照的基礎。

四十歲以下的讀者，可以先去看看《俗女養成記》或《幸福路上》，感受一下時代的氛圍，然後跟自己的長輩討論，其實也沒有那麼難深入。如果想比較系統性理解基層黨工是怎麼回事的朋友，也可以參考孟樺的碩士論文。

我們還是回到這本書吧，書從導演的初衷開始，然後進入宏觀的結構性描述；以一個一個基層黨工的小傳作為論點的佐證，再來是兩位主角曾心儀與康惟壤的訪談，最後則是幾位主角身邊人的側訪。看這本書，會看到很多故事，不論是自述或他稱，每個故事都是一個人對於美麗新世界的想像，也充滿血肉遭遇，他們都不是為人所熟知的名字，反而知名政治人物們都成了主角們人生故事中的配角，或被仰慕，或被怨懟，被投射各種情感。這個視角的高度，其實與我們這些看書的人有87分相似呢！不如我們就來討論「觀看的位置」，從個體的角度出發。

幾天前跟朋友聊到這本書，我隨口說了一句「看書的時候，我像是凝視著他們……」結果被修正了用字，朋友說「凝視」這個詞彙原先並不常被中文使用，是社會科學界譯介後才廣泛被使用（誤用？），因此，這個詞彙充滿了文義脈絡、攸關權力，我剛剛的語境似乎不在那裡面，於是他建議我使用「凝望」，「你是要表達遠遠地看著，對吧？」

是「遠遠地看著」嗎？聽到這句，我想起蘇珊桑塔格的《旁觀他人之痛苦》，桑塔格在書中反覆地討論著到底「該」如何看待戰爭暴行的照片，拿著道德的尺上上下下地檢視著。然而，戰地不在東亞，斷肢即使想像都太痛苦，我們因而能簡易地區分這些真是離我太遠了，先產生明確的距離感之後，再來想要怎麼觀看。

距離可以是時間，就像這篇文章一開始提到的四十年。也可能是空間，甚至是性別或階層，當「看著」並開始思考「這是／不是我的生活經驗」，你與觀看的事物就有了或遠或近的距離。這本書的距離感沒這麼遠，年代不過三、四十年內，範圍就在本島，人物可能就是台北租處公寓對門的鄰居。所以共感容易出現。

例如，那個賭氣了十幾年後吃掉的雞腿便當，滋味不難想像，而且當然知道不會是印著「我愛台灣」的那間便當店出品。例如，我看到康惟壤半推半就成立了一個新政黨叫生活黨那段時，忍不住就笑了，作為一個幾年後的小黨創黨秘書長，我還真的知道三、四年三、四百萬搞不起事是怎麼回事。而看到蔡海埔至今無法諒解自己當時沒有能阻止詹益樺自焚一段，我也想起曾經參與的那場號稱改變時代的運動中最明確的國家暴力之後那些「如果當時……也許就……」的自責。

站得遠遠地看，犬儒一點，看完之後或許會得出一種「哎呀，那就是歷史之必然，總會有人被時代拋下嘛，難道所有得到機遇好處的人都要負責嗎？」之類的結論，不好意思講出口只是因為顯得殘酷。也可能站得很近，近到像是主角的鄰居好友，然後濫情一點，替主角打抱不平「那個誰誰誰後來不是當了大官，怎麼也不幫一下忙啊！真是絕情！」。

其實這也是扁平了想像，紀錄片中，老去的主角們都還喜怒哀樂地活著，雖然康惟壤深受退化性關節炎所苦，拍攝的時候膝蓋再痛還是要硬挺著帶著鏡頭到處去。而曾心儀在螢幕上就是個柔弱易感的老婦人，如果只從影片理解她，可能根本無法想像過去戰友口中那個剽悍富爭議的她是怎麼回事。影片或書本都只是這些人的一些剪影、片段，要說這樣就理解了什麼實在太過，就別評論主角的人生了吧。

可以只是找到一個舒適的位置，然後觀看，得出屬於自己的理解，在這過程中，請盡量哭，盡量笑，盡量生氣，放下斯賓諾沙的教諭。像建華在書中的自陳，追尋歷史經常是為了解決自己的人生疑惑。

序

## 革命者的生活與生存／《狂飆一夢》製作人・賴珍琳

到底《狂飆一夢》是一個什麼樣的故事？在拍攝本片的第一年，某一次導演廖建華帶著驚訝表情、無意間說出「原來社會進步了，並不保證（當初投身社會運動）個人的幸福。」這句話讓我冒起了雞皮疙瘩，不是因為太感動，而是因為，天哪這也太天真了吧。然而，這個問題，其實後座力極強、有極大力量，貫穿了整個製作期，撐起了整部電影。

建華的疑問很直接：從一九七〇到八〇年代的台灣歷史，是從一黨專政到解嚴之後的年代，從抱持不同政見，可能被捕被暗殺、甚至被滅門的年代，到了一個風起雲湧充滿各式激烈抗爭與可能性的年代。這段歷史中，有些人犧牲家庭與事業，激烈地投入民主化與社會運動。三、四十年過後，台灣人民可以直選總統，公開批評政府成為家常便飯，社會似乎進步了，但為什麼這群人並沒有過得更幸福？甚至是困頓不濟、或帶著遺憾過著下半生。

帶著這份驚訝，當時導演延續提出的困惑是「值得嗎？」然後他很聰明地發現，這個問題背後的預設是「並不值得」。從受訪者困頓的生活境況、對家庭的虧欠、退出社會主流話語權等方面來看，觀眾會看見，原來當一個人懷抱理想、投身民主改革的浪潮（或者任何一種社會改革運動）時，即使社會整體進步了，並不保證這個人的幸福。那麼，究竟是什麼東西，支持這些人走到今天？他們又如何評價自己？畢竟，關於「值不值得」是一個「生存與生活」之間拉扯的討論：一個人要如何活著。雖然關於「值得與否」不應由他者對於個體任意評價，但回到他們當初的情境脈絡，一個懷抱著理想的普通人，身處歷史洪流之中，如何選擇？以及如何擁抱自己的選擇而活著。什麼是屬於那個年代的「生存與生活」命題？

影片的兩位主角：曾心儀與康惟壤，我們私下稱他們為心儀姐與康大哥。他們身上各自帶著矛盾又令我們著迷的特質。康大哥的樂觀海派，生活中粗俗多話，在家庭關係中（無論是原生家庭或婚姻）既依賴又賴皮；對街頭的弟兄熱心好義、對弱勢滿懷同情，對家人卻輕忽怠慢甚至可說是不負責任，活脫脫一個典型的台灣浮浪貢男子漢。康大哥作為影片中的喜劇擔當，在嬉笑聒噪的背後，細心的觀眾應該可以隱約窺見男子漢不太願意承認與面對的寂寞與失落。

心儀姐嚴謹自持，愛恨分明。她對於對與錯的那把尺，從不肯留情，我們有時私底下討論，一邊閱讀她臉書文章中的時事見解，一邊笑稱她「正義魔人」。她對於革命中的夥伴，無論是鄭南榕、詹益樺、陳東騰，他們以激烈方式結束生命的對抗一直耿耿於懷，午夜夢迴時更是痛心疾首。從黨外時期到民進黨第一次執政，她的行事作風在民主運動圈內一路爭議不斷——總被看做是一個「鬧事者」，對於她眼中的「變節者」，毫不留情。她的人生軌跡與性格，包括早婚、與夫婿離異、苦學、寫小說、進入社運圈後的風風雨雨等等，總讓我想到民國初年的革命黨女學生（誤）；或瓊瑤筆下的女主角，例如《煙雨濛濛》裡敢愛敢恨的軍閥女兒陸依萍（大誤）。她的生命價值只有黑與白，沒有灰色地帶，不能容許一絲一毫的偏離與懦弱，人生只有全心全意與貫徹始終。

某次訪問心儀姐，旁邊開著收音機，恰好播放的歌曲是〈被傷過的心還可以愛誰〉，天哪，執行製作鎮源在看影像素材時說，這根本心儀姐的人生主題曲，她就像跟革命談了一場轟轟烈烈的戀愛！餘生則活在這偉大的失戀之中。

隔著一段歲月、隔著螢幕檢視影像素材時，經常覺得這兩位前輩好可愛，最重要的是，他們身上有一種生命力，是我們這個時代充斥著的「文青型咖啡館內革命家」所缺乏的。他們有一種韌性，對人生抱持著一種信念，即使經歷困厄、失落、背叛、窮困、生離死別亦不改變。即使我們赤裸地看見康大哥從年輕帥氣的黑狗兄變成低收入的魯蛇阿伯（還是很有幽默感的喔）；心儀姐從文壇新星美女作家，變成貌似市井歐巴桑的路人阿姨（還是很有氣質的喔）；你明白，他們的內裝，依舊是原原本本的那個人。在浪漫主義者眼中，這樣的失敗者人生，某種程度也是一種帥氣啊。但是，跟他們一起生活、作為他們的家人，應該很痛苦吧。

或許，一個人的人生命題，都是在青春與青年時期受到時代深刻的印痕。回首兩位受訪者的人生歷程與嬗變，是與台灣社會發展與世代轉變緊緊相扣的。心儀姐成長於理想主義燃燒、整個社會要從威權體制復甦覺醒的七〇年代：鄉土文學的滋潤深深地影響了她的人生觀，文學論戰的激烈交鋒奠定了她的思維方式；從退出聯合國與保釣運動的國家存亡危機感，而後到了陳文成命案、美麗島大審，並親身經歷全島大逮捕的恐怖肅殺。這些時代氛薰陶塑造了一個美麗而激烈的理想主義者，讓她一生都以非黑即白的原則待人處事。

而康大哥則完全不同，美麗島大審成為他的政治啟蒙，成長於集體亢奮、眾聲喧嘩、經濟狂飆的八〇年代，在那段風起雲湧日子裡，一切機會都蘊含著希望、任何城牆都可能被跨越、任何思想都在被討論觸發；蜉蝣可以撼動大樹，貧民能翻身百萬富翁。一切都有可能，「愛拼才會贏」是時代信念，沒有人會擔憂未來，彷彿經濟成長率的曲線永遠不會往下、彷彿家庭或社會群體永遠能緊緊接住每個人，彷彿只要努力往正確的目標前進，我們與我們的後代就會集體居住在一個烏托邦之中。集體亢奮的年代，滋養出永遠樂觀的男人。我作為一個女性，是帶著這樣子的理解，回頭來看康大哥的。

而我們呢？製作人作為一個六年級生、導演作為一個七年級生，我們打從出生時，即已擁有某種政治上的自由。民主，似乎順理成章、唾手可得；社會正義，似乎總有邏輯與道路可尋；教育方面，開始愈加重視個體化思考。卻因著經濟成長趨緩與物價膨脹，或者也因為對於物質的期待更高了，民生議題則變成了大問題。因此，在我們這個年代，「生存與生活」成為青年人逃避不了的課題。也就是說，經由製作《狂飆一夢》的歷程，我才明白，對於我們所觀看的前輩那兩代人，他們的人生試卷上剛開始是沒有「生存與生活」這道選擇題的。在物質較為困頓的年代或者因為生活需求簡單，反而不覺得柴米油鹽醬醋茶是那麼困難的一道題；但生存的意義卻像是遠方的一道光，讓某種內心裡有著不同渴求的人，終身追尋。

「原來社會進步了，並不保證個人的幸福。」這是個過於天真的發現嗎？或許並不是。或許，當我們這些重視小確幸美好生活的後生晚輩，帶著被庇蔭者的優越姿態，去觀看他們的歷史處境與人生選擇時，是帶著一絲盤算與功利的：如果這樣做那樣做，是不是個人生活不用被犧牲，社會依然能夠進步。我們有人總想著「生存與生活」如何能夠兩全；但在有些人心中，卻從來沒有想過這個問題。

我曾以為，在前輩的努力之下，需要流血的革命已經遠離台灣社會了。直到撰寫此文的當下，「時代革命，光復香港」的浪潮席捲了全世界的視聽，我才明白，每一刻，每一地，永遠存在著需要犧牲的革命。那些螳臂擋車的投入者，他們過於天真嗎？或許是的。然而，如同魯迅的短篇小說〈藥〉之中的隱喻：群眾沾著革命者的血饅頭作為藥引治病，我們誰不是踏著天真的革命者流下的鮮血、踏過他們往後可能殘缺失敗的人生，從此過上較為美好幸福的人生呢？

整部影片最令我感動的時刻，是片尾緩緩浮出「曾心儀大事記」與「康惟壤大事記」的文字。你會發現，離開了激情的政治運動，他們的人生依然各自在工運、環保運動、教育運動、文化保存等等影響台灣整體社會發展的重要場域中，留下深刻的軌跡。他們的大名不會載入史冊，永遠不會成為被主流認可的成功人士或領導者。但，誰說這樣不偉大呢？

毛澤東的名言「革命不是請客吃飯」。有趣的是，在《狂飆一夢》中，充斥著炒菜吃飯買菜買鍋子請客聚餐逛公園照顧家人與朋友打屁，這些看似微不足道的瑣事。用溫暖與關愛的眼光，觀看這些他們現今生活中最重要的小事，就是主創團隊我們這一輩人、作為台灣民主化運動浪潮下的受益者，能夠給予前輩們的一丁點謝意了吧。

序

# 民主運動中的隱身者：他們爲什麼重要？（導論）／何孟樺

當我們談起台灣民主化的過程會想到什麼？有一個主流論述是這樣，當台灣開始經濟起飛，成功轉型之後，社會對於民主的要求愈來愈高，加上第三波民主化的世界潮流，蔣經國宣布解除戒嚴，開放黨禁報禁，台灣走向民主。

當然我們現在知道，這只是個輕描淡寫的論述，而且功勞好像都在政府身上，蔣經國時期開始的自由化、解除戒嚴，讓他被視為民主的推手，是跟許多第三波民主化國家不同的寧靜革命。所以至今，仍有一種可笑論述是，台灣民主化應該感謝蔣經國，為何可笑？我在這邊就簡單講一個故事，想知道更多，建議大家看《百年追求》，吳乃德老師有非常幽默及精準的見解。

大家可能知道導演王小棣，她的許多作品令人印象深刻，也為許多社會運動發聲。但是可能很多人不知道，其實她的爸爸，王昇，就是蔣經國的特務頭子，鷹派第一人，甚至一度被認為是蔣經國接班人，權傾一時。蔣經國一九七八年開始擔任總統，在他任期內，發生陳文成命案、林宅血案，這些被認為是政府謀殺的重大案件。這樣的政權，會在幾年後突然「轉性」，開始順應世界潮流，追求民主價值？會這樣做，也是被逼的。被誰逼？大家喜歡說美國，為什麼美國要逼，因為像是美麗島事件、陳文成事件震驚海內外，國民黨政府承受壓力。好，講到重點了，順著這個脈絡，我們會發現，就是因為有美麗島事件、陳文成事件這些為台灣民主努力且發聲的人，才創造出這樣的國際空間。如果沒有這些人、這些事件，台灣民主真的會無中生有跑出來嗎？如果你當權，統治好好的、無壓無力，會想做任何改變嗎？

講回台灣民主化的重要事件，在中壢事件、美麗島事件、林宅血案，甚至到民進黨創黨，你記得誰？誰有參與呢？中壢事件被視為街頭運動序幕，抗議國民黨作票包庇，大家可能只記得許信良，但中壢事件可是聚集了一萬多人包圍中壢警察局，甚至死了一位大學生跟一位年輕人，沒有這些人，中壢事件能被大家記得嗎？他們成功讓中壢事件被大家記得，成為街頭運動序幕，但卻沒有人記得他們。

美麗島事件中，除了叛亂罪在軍事法庭起訴的九名被告，包含陳菊、施明德、黃信介，其他在一般法庭，也起訴了三十多人，這三十多人是誰？他們在事件中做了什麼？他們一樣為台灣民主坐牢，付出青春與人生，很多人也繼續在台灣民主的道路上努力，但我們卻連他們的名字都不知道。

這些人之中，有些是無意間去到了活動現場，受到震撼，在現場認識一些朋友，朋友可能介紹他看一些黨外雜誌，或者是有空可以去哪邊找誰聊天，因而成了民主運動的追隨者。對於當時參與遊行與抗爭的人來說，這比什麼都重要，他們可以放下手邊的工作、自掏腰包，迎接他們的儘管是街頭暴力，甚至官司，他們也都有心理準備。

像是同為美麗島受刑人的戴振耀，他在自己的芭樂田旁邊裝擴音器，只要電話一響，農忙也能聽得到，因為這種電話，都是動員去台北抗議的電話。接到電話後，不管忙到哪裡，隨手準備一下行李，坐上野雞車，連夜趕上台北參加抗議，推擠、被警察打完，精疲力盡、舟車勞頓回到家之後，迎接他的卻是，已經熟透都掉到地上，趕不及收成的芭樂。

這只是這些民主運動參與者人生的一個縮影，他們的人生與台灣民主化的密切性，不輸給我們耳熟能詳的政治菁英，他們甚至犧牲得更多。戴振耀在這些人當中，算是比較有能見度、被大家所記得的，他成功在台灣民主化之後當上立法委員，並成為第一位用台語質詢的立委，並真的實現許多農民運動時抗爭的理想，推動成為真正的政策。在政治圈，幾乎每位後輩都聽過他的名字，二〇一七年過世時，總統也到現場，並頒褒揚令。

但也有許許多多的參與者，他們與戴振耀差不多的出身，也將自己的人生全力奉獻給民主運動。但所換來的，卻是街頭運動逐漸沒落後的失落，當街頭運動一結束，他們好像失去了一生的舞台、人生的目標，甚至是充滿更多的疑惑；因為對他們來說，目標還沒達成啊，我們還沒打敗國民黨，台灣也還沒成為一個國家啊，為什麼一切就這樣結束了呢？

從此他們也走向了不同的生活，有些繼續做台灣獨立運動、有些成為助選員、選舉志工，有些投入社會運動的培訓。不管在哪裡，講起以往那段日子，他們的眼睛還是會發光。但在一般人眼中，他們只是巷口、公園，甚至路邊閒閒沒事的歐吉桑（當時參與運動的男性比例高乎想像，就直接用歐吉桑稱呼了），也沒有幾個後輩能聽懂他們的故事，知道他們的努力；比較幸運的，家人可以諒解他們的人生選擇，也還在身邊，但也有很多前輩，跟家人早在幾乎每天上街頭的生活中，漸行漸遠。有多少妻子可以忍受丈夫工作不做，每天不知道幹嘛，丟下一句「為了台灣好」就消失很多天，回到家可能受傷，警察甚至天天出現在家裡附近，有時候進來問東問西，鄰居嚇得半死不敢靠近，甚至指指點點？這就是這些前輩與他們的家人每天可能面臨的生活。

也許這些運動參與者，不像我們所熟知的政治菁英一樣，扮演領導者的角色，定位台灣民主的論述與行動，但是沒有群眾，哪有運動呢？而這些參與者，與我們身邊的許多人一樣，都是市井小民，但他們用他們的行動，實際參與了台灣民主化的過程，甚至付出了整個人生。他們的故事，也是台灣民主化重要的故事、也是台灣人重要的故事。他們不求任何鎂光燈與政治舞台，只希望能為台灣奉獻一份心力，我想他們所希望的，是大家能夠記得：台灣民主真的不是從天而降，一切都是得來不易的。

# 序曲 Overture

## 關於紀錄片《狂飆一夢》

# 南北二路，參戰！／廖建華

## 草莽起義

解嚴前後，是個經濟正要起飛，台灣錢淹腳目的年代。那時行動電話尚不普及，戒嚴的肅殺氛圍也走到尾聲，台北街頭三兩天就會有一場或大或小的抗爭、遊行。對民主運動的基層運動者而言，毋寧更像是一個江湖，四面八方的豪傑來到梁山，想要推倒不公不義的國民黨政權。但回頭去看，這並不是一個豪傑們起義成功的故事，可是要說他們失敗了嗎？卻也不是，畢竟台灣在歷經幾次政黨輪替後，成為亞洲數一數二的民主國家，即使這些人不被記得，也應該算是完成了當年挺身而出的理念與初衷。

對台灣社會而言，他們的確完成了歷史上階段性的任務，在那個需要上街頭衝撞威權的時候，他們在第一線不畏軍警。然而，當街頭起家的政黨民進黨，也必須進入議會，遵循政黨政治路線時，他們也不大被需要了，因為這群基層運動者無疑是更接近草莽性格的市井百姓，不管是被雇用的藍領勞工，還是自僱者如油漆工、裝潢工等，甚至是自家營業的小店老闆，他們大多沒有知識份子該有的學歷與政治專業，許多人參與時，甚至已年過三十，上有父母、下有子女，經濟壓力不在話下。當然，還有一群人是社會上所謂的邊緣人，他們平常無所事事，打著零工。

可以說，街頭運動像是時代的一個容器，吸納了各式各樣的政治群眾，同時也是工商社會的一個破口，日常生活不被允許的、壓抑的、無用的，在街頭運動現場都可能有了意義，不只是身體勞力或技藝上能有所發揮，也是自我價值寄託，安身立命的所在。

基層運動者們除了各自生命背景有所不同，參與的原因也不盡相同。有人是自美麗島事件時期，已被黨外雜誌和黨外候選人一場場的演講勾住靈魂，有人則是日常生活無故受到軍警或公務體系的欺壓，而將怨恨歸咎於統治的國民黨政權，有人則是因緣際會被帶領進入一個組織，以搏感情的相處方式，彼此傳遞著時局、歷史、意識形態等等資訊。當然，也有只是在街頭裡湊熱鬧的人們。

他們之中，有的人冀求社會能自由民主、有公平正義的選舉政治，也有不少人在更艱深的統獨左右等意識形態上，鑽研領略。當箝制思想自由的惡法被廢除修正，民進黨也確立議會路線後，歷史走往下個階段，所有人都必須重新尋覓各自的立足點。對這群民主運動的庶民而言，除了成為民進黨候選人的樁腳或做一般勞務工作外，幾乎沒有其他依附民進黨的可能性，有些人可以回歸社會，做著原來的工作養家餬口，但有些人卻內心空虛、失去舞台，因為即使偶有街頭遊行，時代也早已不同。

## 社會進步 vs 個人幸福

如果菁英領導和知識份子的角色，是坐在轎子上引領指揮、能在歷史上留下姓名的人，那基層運動者無疑便是抬著轎子的人，但特別的是，名利、權力都不是他們參與的原因與所求，更多時候，理念是否被實踐，才是他們檢視的標準。因此，早在一九九〇年左右，許多基層運動者便離開民進黨，改往他處追求他們的理念。可以說，基層運動者並不只是一群支持者、跟隨者，是有其個人意志和專屬他們自己的群體，即便許多人的啟蒙、論述都來自於知識份子與領導菁英們。

最初我認識幾個長輩，曾一起待過同一個組織叫做「北基會」（全名為北區民主運動政治受難基金會），後來我才知道許多當年曾在台北的基層運動者，都是會裡頭前後期的重要成員。北基會標榜著「莫讓黨工成為反對運動的祭品」，意指當年許多基層運動者在抗爭時，被打被關，但難以得到像領導菁英和知識份子同等的社會關注，致使基層裡頭較有領導或組織能力的工作者成立互助自救會，在一些場合募款，為受難的夥伴家裡提供些微經濟奧援。

◆ 一九八七年北基會遊行／邱萬興攝影

◆ 一九八八年北基會・世界台灣人大會與返鄉運動／邱萬興攝影

◆ 北基會幹部訓練與聚會／北基會提供

街頭運動的參與非常不定時，全職勞工很容易因此丟了工作，如果不是住在台北，甚至需要花費自己的金錢前往參與，而在選舉造勢場或多或少的捐款，他們的給予也是豪爽不吝嗇。說到底，街頭運動竟有這樣的魔力，使他們願意拋家棄子，消耗家財也要前往。我也只能猜測和想像，在那樣經濟起飛、威權尾聲的政治鬆動年代，他們在民主運動裡找到認同，不論他們是因著俠義之氣或什麼原因前來，他們不再是社會上只為了升官發財、安家立命而存在的百姓，而是能發自內心為自己人生做選擇，並真誠面對那個選擇、有自我想法的人，不單只是純粹的追隨者、支持者。

在幾個北基會長輩的引薦下，我陸續拜訪了不同地方的長輩。當時因為沒有書籍或相關學術研究描摹出他們的面貌，我除了聆聽他們如何踏入民主運動的歷程外，更著重在他們原先的家世背景，還有參與過程中生活與家庭的變化。我想了解的，不只是從歷史的角度去看他們在民主運動中的位置，更渴望從生活出發，感受他們的「江湖義氣」，從如何對待身邊的人，到追求與弱勢站在同一邊的初衷都是。

初次碰面的過程通常會是這樣：長輩們先是會鼓勵我，覺得年輕人願意認識更多台灣的一切實在不簡單，便或長或短地開始簡述他覺得重要的民主運動歷史，略帶著我應該是一片白紙的預設，深怕講的有所遺漏。偶爾到了一個段落，便會問問我這個年輕人怎麼看，或者現在年輕世代到底怎麼看，但不少時候要不是他們講出的人名此起彼落、錯綜複雜，連聽都沒聽過，要不就像是二十年前敘述的方式直接搬到當下的錯置，常常令我不知道怎麼回答，只能含糊帶過。

每當我重新回想那些碰面時刻，發現讓我感到有趣的，其實都不在他們怎麼陳述過往抗爭的部分，而是他們怎麼看待運動中的同志夥伴，怎麼檢視彼此、認定彼此，常常這些標準大致是個人品格，如為人是否正直，說話是否實在，言談與行動是否一致，也可能是針對台獨或民進黨的立場，又或只是為了個人利益或只想抒發意見，還是真的為了社會或子子孫孫。更進一步，是偶爾我會問起、探問他們的生活，是否有怎樣的運動傷害，一路上選擇犧牲了什麼，現今如何看待。

拍片前的拜訪過程讓當時剛出社會的我，直接體悟了社會的進步，並不代表投身者的幸福。這個不幸福，可能是經濟上的困難，可能是沒有舞台後的無力感，可能是當初的理想和現實落差過大，可能是某些人生選擇無法從頭的後悔。直到拍攝結束，我觀看著拍攝的毛片與剪接時候揀出的片段，對於當初的體悟，已不再是詫異的心境，而是更理解基層們的街頭人生無關乎功成名就，對我而言，更關乎的是他們自己——面對強權與之抗爭、不畏懼的正義之心，並接受如此選擇的後半場人生。

那是最重要的，比起任何抗爭與理念，貧困與富有。

## 組織工作者與深度參與者

長輩們的歷程粗略可分為組織工作者和深度參與者兩類，兩者的最大差別在於參與過程是否是積極的、有目標做組織工作的，抑或只專注於自身的投入，專注自己所能，而非有系統地串連彼此。也因是以拍片為前提的拜訪，我對藝術工作者在民主運動中，是要選擇捨身運動還是堅守藝術崗位的命題感到興趣，自此拉出第三個類別。至於第四類別，則是因為許多長輩戲稱自己妻離子散，抑或經濟困頓，但我在拜訪過程中，也遇上仍維持著經濟能力尚可的長輩，其家庭關係也未必是妻離子散，因此我多拉出一個類別，希望知道他們對此的看法。

每個人踏入民主運動也都有其獨特的背景原因，之所以將長輩們的背景做初步分類，是我在拜訪之初試圖描摹出他們的籠統方式，而非一個嚴謹的定義或分類。以下，我將以此慢慢介紹拜訪過程中長輩們的故事。

分類的第一類是組織工作者，也算是基層運動者們的領導群。他們出身市井，論述能力多來自於候選人競選場子的演講、黨外雜誌的文字，甚至是進入競選服務處或組織之後，與候選人與知識份子親身相處，觀察、學習而來。候選人和市井庶民之間的距離和使用的言詞常有不小差距，此時便是此類基層運動者發揮的空間，收到來自候選人的指令與目標後，藉著平常與市井庶民打交道，使得選舉場子或街頭運動能凝聚動能，而非是散沙一盤的遊兵。

有些組織工作者做的是民主運動中組織串連的事務，而在高雄自稱「議員助產婆」的黃財旺，則在黨外時期更熱衷於選舉的組織。非政治家庭出身的他，在高中時候便受到殷海光等人的影響，也常去黨外候選人的選舉場合聽演講，老縣長余登發被捕後，發生了橋頭事件與其後的美麗島事件，黃財旺也無畏懼之心，儘管被警調單位約談，仍舊積極參與。這些經歷，讓黃財旺決定投身黨外候選人的助選工作，以此對抗國民黨政權。作為銷售馬達出身的業務，他擅與人交談，因此在街頭扮演了麥克風手的角色，國台語雙聲道能轉換自如，將困難的概念與詞彙深入淺出地勾著現場群眾的情感。

幫忙宣傳選舉在過往保守的戒嚴時期，已十分禁忌與衝撞，不時會有地方管區登門拜訪。對黃財旺而言，能幫助非國民黨背景、有民主思想的候選人進入議會，多一席是一席，是他努力與盼望的目標，因而帶著候選人跑他熟悉的基層人脈。當民進黨成立、民主化後，開始有更多的議員席次後，他也做起了選民服務，但如果當選人做不好，不願意走出辦公室與民眾互動，他也不會再繼續幫忙。

第二類是深度參與者。他們如組織工作者一樣積極參與，內心亦有相似共感，但本身不擅言詞，只要與主事者氣味相投、理念相符，他們是貨真價實衝在最前線與軍警拚搏的一群，也是上述被打被關，最容易被忽視的一群。他們之所以踏進街頭運動，除了感到有趣、新鮮這樣的原因之外，很多人是自身曾被公務體系欺壓，或者長期看著社會一些不公義的事件，吞忍已久，一有機會便前來投身，貢獻一己之力。

《狂飆一夢》片中康惟壤的友人蔡棋富便是這個類別，能幫什麼就幫什麼，自掏腰包也是家常便飯，坐下來一對一的訪談容易搭不上話，不容易組織事件經過和想法，但在現實相處中，他們卻能細膩地注意到你是否處於需要幫忙的狀態。當年鄭南榕自焚後的靈堂上，聚集了許多自告奮勇的基層參與者，那時許多的運動場子會被不知名的人士鬧場，倚賴的便是這群人的護持。此外值得一提的是，當年許多的學運或民進黨人士的運動場合，舞台、音響、水與便當等基本物資，常常需要快速且足量的調度，但當時的大眾店家並非都如此友善，也是靠著這群人的人脈找到相挺店家，從中牽線，甚至付出時間、勞力。

◆黃國良／廖建華攝影

出生、就業都在高雄的黃國良，可說是這類型中埋頭苦幹、不求任何回報的典型。在來台北參與民主運動前，他當過送貨員、機械裝配員，讓我覺得瘋狂又敬佩的是，為了突破政府對異議性電台的封鎖，他向父母親借了留給他娶妻的老婆本，在三重的高樓買了預售屋套房，並趕在交屋前，私自糾了幾個弟兄到頂樓偷偷安裝訊號發射機。紀錄片裡頭群眾雜誌與康惟壤競選的錄像，都是擅長電子機械的他，當年自掏腰包購買ＶＨＳ攝影機錄製的，音響、電線配置、開戰車亦是他集一身的必備技能。

少年時期的黃國良能力突出，常常由老師傳標了工程案後由他負責執行，那是他這輩子最賺錢的時候，但缺點是為了賺錢，只有下班的一點時間才能關心民主運動。彼時，他已被同事帶給他、由鄭南榕出版的《時代雜誌》影響，因而理解到工人與資方間的問題，跟國民黨政權的統治結構有關。後來即使換了新工作，也變成為了同事——尤其是懷孕女同事所受到的差別待遇，試圖糾眾組工會。此時的他並沒有被任何運動團體或組織者接觸，卻早已萌發為更弱勢者挺身而出的念頭與行動。後來在民主運動中做過全職後，再也做不了社會上其他工作，因為他認為人生在世，做自己喜歡的事情最有成就感，也有動力。晚年即使沒什麼收入，睡在協會、車上或誰的家裡，都不是什麼問題，因為快樂也不求名利，黃國良對我而言算是民主運動的修行者。

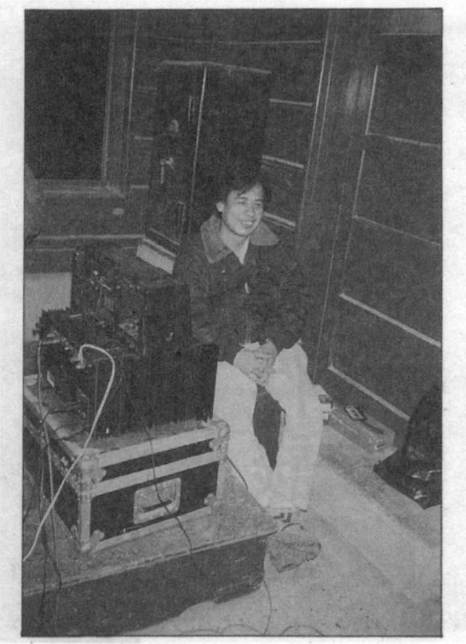

◆黃國良・翻攝自《群眾雜誌》第四期／黃國良提供

◆黃國良（右一）／黃國良提供

◆ 黃國良／王志元攝影

像他這樣的深度參與者，是人數眾多、支撐著反對運動的忠實群體。對於其他人更確切的臉孔樣貌，我只能承認也還是模糊的。拜訪過程中，當年的攝影記者或學生，都不約而同地描述了一些臉孔，他們會在許多高度抗爭的場合出現，有些人甚至會自備武器與軍警對抗，但至今仍不知道他們是誰，來自何方。

## 持筆與棄筆從戎

第三個類別雖然也來自基層，但帶有藝術才華與其才華的功能性貢獻。以影像來說，在那年代除了專業的攝影記者拍攝作品外，相機的銷售也已普及，一般參與者亦能拍下許多重要畫面，做更即時與宣傳目的的使用。而比影像更大量也更需要的，是文宣的書寫。

《狂飆一夢》中另一位主角曾心儀，便屬於此一角色。比起九〇年代前後踏入街頭運動的基層，曾心儀早在美麗島事件左右，便是略有名氣的新人作家，外省二代的她不僅出身底層，此後也一直選擇與底層的弱勢站在一起。對我而言，有趣的不只是她如何選擇權力、位置，而是她曾有過是要更專注文學寫作，還是全心做運動改變社會這個亙古命題，不斷拉扯、猶豫，經濟的壓力在她身上也未曾停歇。

此外，比起影像和文字，街頭運動中還有一項不可或缺的——運動歌曲。

王明哲是屏東車城人，退伍後來到台北，在塑膠工廠工作。某次騎車時，發現路邊一大群人黑鴉鴉，好奇擠進去一看，才發現那是黨外人士尤清的演講，三五句都是怒罵政府的言談，卻讓王明哲覺得有理。一如在威權教育下成長的人們，政府絕對是對的，甚或也不管政治之事。但這些人為何要罵政府？在肅殺的戒嚴時期，台上這群人居然敢公開罵政府，心裡油然而生的刺激、快感，讓王明哲閒暇之餘還會主動幫忙做發傳單等雜事。

◆ 王明哲（右一）與陳水扁（左一）的合照／廖建華攝影

但留住王明哲的，是他認為繼續待在公司的工作人生沒什麼前途，不斷地勞力付出賺不了什麼錢，也沒有自由。離職後，王明哲自己採買化工原料，製作沐浴用品販售，恰巧當時台灣流行的校園民歌，一把吉他自彈自唱，已有古典吉他基礎的他，想到運動中許多歌曲都是「挪用」，比如過往民謠〈補破網〉、〈望你早歸〉等常在演講場合被傳唱，而原詞曲都被生硬地解釋成台灣人命運的隱喻，但這歸因於民主運動沒有自己的歌。

最大的機緣，是蘇治芬邀請王明哲到她所開的元穠茶藝館演唱，台下來往的都是黨外運動人士，讓王明哲牽起人脈。後來鄭南榕自焚，葉菊蘭代夫參選，也是蘇治芬幫忙選舉，王明哲為那場選戰做了三首歌曲——〈犧牲換來覺醒〉、〈台灣悲歌〉和〈台灣魂〉，琅琅上口易傳唱是王明哲創作的特色，不管是哀傷或激昂的旋律，當時都在在感動並激勵許多基層參與者的心靈。

聽到一首歌，就知道那是王明哲，有一個故事——用音樂創作紀錄民主運動的歷史，是王明哲的志業，至於是運動為先，還是藝術為先，對他而言並不重要，兩者早在一開始便是一體。不過王明哲的生活也不寬裕，一路過來數百首的創作曲目，也僅只偶有的演出費用算是貼補。許多長輩說年輕時候不那麼在意金錢，那年代賺錢也相對容易，沒有想過老了以後的生活，現在三餐能溫飽，並持續關心政治，在自己能力上貢獻付出，對他們而言已是福分。

◆王明哲／廖建華攝影

## 顧運動也顧腹肚

◆ 黃山貞（右三）、林雀薇（右一）／黃山貞提供

◆ 黃山貞／黃山貞提供

第四類的長輩也來自於底層、工商階層或中產階級，他們在街頭年代的前後，兼顧了運動與工作收入，這也使得他們更能無後顧之憂的持續參與。住在台中的長輩黃山貞，從事的是珠繡類的家庭代工，客廳即工廠，所以即使自己跑去運動場子，伴侶和家人也能繼續工作有所收入。

黃山貞的民主啟蒙早在美麗島事件前的許多年。黃山貞出生於貧困的高雄旗山人家，少年時認為自己的人生，都是天注定，是自己努力付出多寡所導致，但某天偶然閱讀到李萬居的《公論報》、雷震的《自由中國》，才知道自己的許多處境，都是外在政經結構所致。因此，即時當時的他沒錢訂閱報紙，也會專程騎腳踏車到遠在市區的圖書館閱讀。當時的電視選擇有限，也無政治相關節目，黃山貞便買了短波收音機收聽美國之音、ＮＨＫ華語新聞、北京人民廣播電台等來自世界其他地區的華語節目，才能補足報紙以外的政治資訊。

◆ 黃山貞／廖建華攝影

約莫在美麗島事件的五年前，黃山貞因常在朋友間講述國民黨當時買票的選舉風氣等事，便被調查局約談，想知道他既非知識份子，那些言論又是從何而來。約談的過程並無暴力毆打、酷刑，倒是離開前特務將晚餐要吃的雞腿便當，分了一個要給黃山貞，但他因為過於恐懼，一粒米飯都吃不下肚，還被特務嘲笑一番：「你回去不要說我們虐待你喔！我們以禮相待，還有雞腿便當吃！」。事後回想，現場氛圍詭譎，深怕講錯一句話的黃山貞拿起筆都在顫抖。後來美麗島事件爆發，原先擔心自己上街頭抗爭會給家人麻煩的黃山貞，看到美麗島事件當事人即使被抓被關，但他們的家人還可以出來選舉，甚至審判後財產也不會被充公，心想，自己應當無需再多顧忌家人了。

「再不挺身而出，這輩子算什麼人？」當時林義雄的母親和兩個女兒被政治暗殺，讓黃山貞深感悲痛。此後他下定決心，不管在台中或是台北，能上街頭的場合黃山貞盡可能都會前往，直到某次被拘留時，審問的人員叫了雞腿便當，當時他早已不懼怕，儘管當下肚子很飽，還是吃完那個便當，一解十多年前的心結。

◆ 黃山貞／廖建華攝影

相較小工廠主和派遣勞工，王勝弘是作為工廠工人也積極參與運動的案例。

王勝弘出生在嘉義，父親是水利局的公務員，也許是小時候在嘉義聽到許世賢的演講埋下種子，退伍後的王勝弘到台北關渡的塑膠工廠工作，也常常跑往台北市區聽康寧祥演講。後來高雄的水泥廠徵人，同樣的一份收入，南部生活比起北部更容易存到錢，王勝弘便搬到高雄，但那還是美麗島事件之前，幾乎沒有平民參與政治的可能。一九七七年，余登發的女婿黃友仁要選縣長，王勝弘等到這個機會，便自發前往他在岡山的競選服務處幫忙；隔年，陳鼓應與陳婉真在台北聯合競選，他更奔去台北當選舉義工。我接著問，候選人們會記得你嗎？王勝弘只說，自己只是去當義工的。

最大轉折是認識了後來成為農運組織者的戴振耀，彼時戴振耀已經以一介農民身分參選鄉民代表。在黃友仁選舉那次，戴振耀騎機車帶王勝弘在鄉下村莊分發選舉快報，兩人相識。後來，美麗島事件時戴振耀被捕入獄，為了對抗國民黨，出獄後試圖做組織，過往

◆王勝弘（右二）到日本參與史明的講課／王勝弘提供

◆王勝弘（右二）參與新國家運動／王勝弘提供

◆農民教室一隅／王勝弘提供

老友楊秋興、王勝弘、蘇水印等都加入其中，一起成立了「台灣生態保護會」，舉凡農業、生態、工運都是他們前往聲援的議題，也開著一台車在高雄到處演講時事。為了更加強成員的能力，戴振耀在自己的農地上搭建了「農民教室」，為期一年左右，邀請了許多黨外人士如謝長廷等等，為農民開講、訓練，直到高雄農權會成立，上班之餘王勝弘都全心全意地投入其中。彼時來到八〇年代末期，更多的民主運動都在台北發生，高雄友人們如同其他縣市的參與者，都自掏腰包地包車上台北走街頭，清晨出門，深夜歸返，有時偷偷摸摸出門，太太還會塞錢給他，怕他沒錢。

◆競選縣議員／王勝弘提供

◆競選縣議員／王勝弘提供

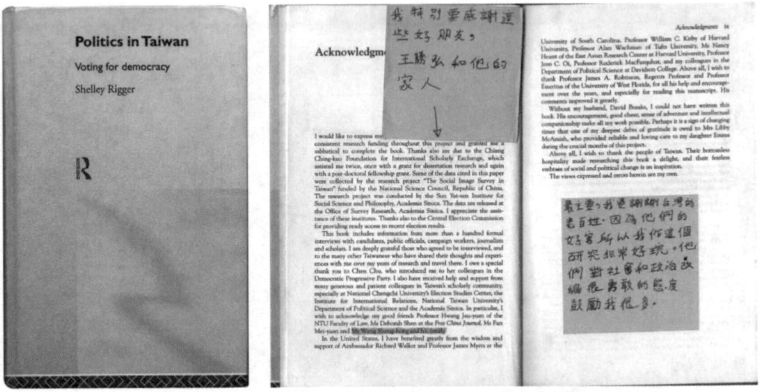


◆美國學者 Shelly Rigger 的著作／王勝弘提供

當時許多基層參與者因為運動，生活與家庭都出現問題。一次，民進黨創黨黨員尤宏遇到王勝弘，隨口問說：「勝弘兄，你是有沒有在工作啊？怎麼常常看到你？」，王勝弘笑笑回答：「當然有！不工作我是要吃什麼？」其實主要是王勝弘在水泥廠的工作是設備維護，算是輪班制，相對較能安排時間。後來在某次北上的遊覽車上，王勝弘有感而發地拿起麥克風，對著參與他包車北上的人們說，大家要先安頓好家裡，有餘力再一起上街頭。

但為何會瘋民主運動瘋成這樣，三不五時王勝弘也會問問自己，但都只能以也許血液中有著叛逆的基因作為回答。修身、齊家、治國、平天下，是他參與的準則，如今轉往支持其他小黨的他，也因此能持續地關心著政治。十多年前還在念博士班的美國學者 Shelly Rigger 到台灣做研究時，也曾借宿王勝弘家幾天。

◆ 王勝弘／廖建華攝影

◆ 美國學者 Shelly Rigger 與王勝弘一家／王勝弘提供

◆ 王勝弘／廖建華攝影

## 女人也可以勇敢

黨外時期，民主運動中的領導者或候選人鮮少有女性，即使有，身分多半是某男性的誰誰誰，更遑論基層的女性參與者被看見。

◆ 林雀薇／廖建華攝影

林雀薇來自苗栗苑裡，最早在市場擺攤，下午則是幫總鋪師準備食材，也是家庭主婦，有三個小孩。她額外的興趣與專長是在兩個國中教授伸縮喇叭等的管樂器，讓學生能在上下午升降旗典禮演奏。

當時林雀薇三十幾歲，因為家中一塊地引起的糾紛，先生前往台北尋求法律諮詢，卻在律師的座位發現許多黨外雜誌，等待時間不斷翻閱因而啟蒙，回家後向她分享，卻被林雀薇回罵說裝懂，不愛國。後來先生還是買了許多黨外雜誌回家，為了抓到黨外人士抹黑政府的破綻，此後，林雀薇意外比先生更深入民主運動的風風雨雨。

◆ 林雀薇（前排中間）／林雀薇提供

◆ 林雀薇（前排左一）／林雀薇提供

◆ 林雀薇／林雀薇提供

在民進黨成立之前，如此保守的苗栗地方，苑裡像是一個破口，地方有志人士便成立了民主促進會，也會邀請像邱義仁等人來演講，鄭南榕自焚後，也設置了一個靈堂弔念。一九八五年，陳文輝登記參選縣議員，但卻因早先幫新竹市長施性忠太太助選的政治迫害而被收押判刑兩年，雖然人在監獄，但眾人在外仍幫他選舉到底，林雀薇也時常帶點心去競選總部。

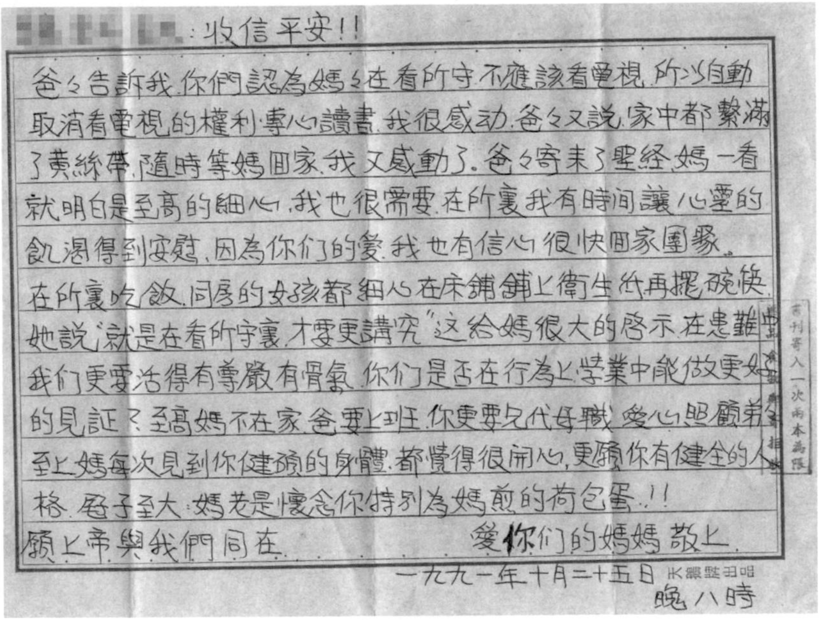

[redacted]：收信平安!!

爸々告訴我，你們認為媽々在看所守不應該看電視，所以自動取消看電視的權利，專心讀書，我很感动，爸々又說，家中都繫滿了黃絲帶，隨時等媽回家，我又感動了。爸々寄来了聖经，媽一看就明白是至高的細心，我也很需要，在所裏我有時间讓心靈的飢渴得到安慰，因為你们的愛，我也有信心很快回家團聚。

在所裏吃飯，同房的女孩都細心在床鋪鋪上衛生紙再擺碗筷，她說"就是在看所守裏，才要更講究"这給媽很大的啟示，在患難我们更要活得有尊嚴有骨氣，你们是否在行為上學業中能做更好的見証？至高媽不在家，爸要上班，你更要兄代母職，愛心照顧弟々，媽每次見到你健碩的身體，都覺得很開心，更願你有健全的人格。啟子至大：媽老是懷念你特別為媽煎的荷包蛋..!!

願上帝與我們同在。　　愛你们的媽媽 敬上。

一九九一年十月二十五日
晚八時

◆ 林雀薇在看守所寫給小孩的信／林雀薇提供

以往的鄉下地方對於警察都十分懼怕，對於黨外演講總是愛聽又怕被點名作記號，尤其有些人又在農會等公家單位工作。就在某個為陳文輝助選的晚會，快結束時，一群警總人員包圍現場，但主持人蘇治芬仍毫不懼怕地對著警總人員大罵，這讓林雀薇十分震撼也有所鼓舞，原來女人可以這樣勇敢。後來，當全國性的基層運動要行經苗栗時，林雀薇也成為了苗栗在地串聯與聯繫的主要人選。

作為女性，必然會面對親友之間給予的壓力——為什麼不好好地顧家就好，要跟人在那邊參與政治。但參與政治的過程中，林雀薇和孩子的關

◆ 林雀薇／廖建華攝影

係也都良好，甚至過年假期還拉孩子幫忙寫標語等事務，即使曾被抓進看守所度過二十一日，孩子也會在家中繫上黃絲帶等待母親，彼此同步成長。

## 困惑的追求，追求困惑

追求民主自由，每個長輩都有不同的路徑，卻讓我往往有種終其一生都在追求，卻又不知道追求著什麼的困惑感。

許多長輩始終認為他們尚未達成當初踏入民主運動的目標，除了責備自己做得不夠多，也歸咎於已經執政的民進黨，認為民進黨沒有積極地與弱勢站在一起，沒有積極地往台獨邁進，更沒有當初黨外的風骨，成了只為選舉，沒有理念的政黨。但對我而言，過往他們所追求的目標，有許多皆已完成，九〇後出生的我也享受到這樣的果實，也致使這個歸咎有點矛盾——許多時候，我難以釐清長輩們追求的到底是什麼，彷彿是個永無止盡的彼岸，抑或過往的某些記憶成了鄉愁。我確實常有這樣的感受——民主運動與長輩們似乎只成了精神上的象徵，與現下的我們沒有太多共感。

也許，長輩們在戒嚴時代為了取得威權體制所封鎖的各種權力／利，打倒不公不義的國民黨政權是最主要的核心目標，是唯一敵人，彼此站的也是相同位置，但民主化後，絕大多數的長輩們並未進入執政體系，而過往的抗爭都是在街頭，兩者的運作與難處全然不同。對他們而言，執政的民進黨代表著他們的付出與理念，因為當年許多民進黨領導者標榜公職是社會運動的工具，彼此志同道合，但民進黨的許多作為，往往背離了他們的過往歲月。

此外，拚一口氣和來自生活上被壓抑的憤怒與恨意，才是許多人最一開始主要的驅動力，民主自由的概念，反而是一路上扣合自身經驗，才慢慢建立起來的，而當年將知識份子的言論轉譯給市井庶民的能力，常常在現今反而與一般大眾聊著政論節目十分相像。

以上都是在拜訪過程、甚至拍攝期間，我不曾間斷的迷惘與困惑——拍攝這部片到底希望帶給觀眾的是什麼，如果只是紀錄這些口述，有什麼意義嗎?當然，他們的口述可以補齊過往由菁英角度出發的台灣民主化歷史，但我卻不斷地感受到在長輩們的言論外，還隱然流淌著一些什麼，而這個什麼，一直到拍攝約莫一年多左右我才有了答案。

## 從生活而來的政治

如果政治運動最後的目標，都是為了讓人們獲得更好的生活，無疑最核心關照的便是人們本身，那麼作為一個投身政治的人，參與民主運動的理念與其日常生活如何相互對話，便是來自於市井的長輩們可以帶給我們的某種體現，那不只是關乎英雄、犧牲、台灣人意識的家國大義，而是日常生活中如何與人互動，對待彼此，進而從中摸索長成的政治追求，我想也提供了未來不同世代追求更好國度的一個借鏡。

一開始我共拍攝了幾位長輩，並將詹益樺的故事計畫在其中，企圖更完整描摹出民主運動基層的樣貌。後來，有了上述的念頭轉變，加上紀錄片拍攝上需要多些他們的生活片段，很需要長輩們願意被拍，並有相對戲劇性的生活片段才可能成立，最後就剩下了康惟壤與曾心儀成為了片中的兩個角色。

康惟壤國中小時曾是棒壘球選手，曾因打到全國冠軍，而被招待到日本交流，高中時他便從嘉義搬到台北，退伍前後約莫五六年的時間，都跟著大哥送貨。操著流利台語的他，能與三教九流來往攀談，在他們的位置設身處地思考。如果沒有走上民主運動的路，他會是個優秀的業務。

◆康惟壤／廖建華攝影

我認識康大哥的時候，他雙腳膝蓋都有退化性關節炎，但僅有一隻腳開過刀，走路一跛一跛。第一個讓我對他印象深刻的，是他認為左派的階級觀念，應該大於台獨的國族意識，參與政治不該只是為了打倒國民黨，更要為市井小民的生活奮鬥。康惟壤之所以有這樣不同於其他基層運動者的想法，除了曾擔任北基會總幹事，在運動中體認到與菁英領導人的階級落差外，主要是此後他參與到「群眾雜誌社」與「群眾電台」，並擔任宣傳發行的要角，開著車在全國各地的廟口，或許多民眾集結的地方，為雜誌的演講開場，兜售雜誌。群眾雜誌社想對抗的是資本主義社會發展下，政府與財團共犯的

◆ 市議員競選文宣／康惟壤提供

◆ 市民代表競選文宣／康惟壤提供

金權政治，描述社會是「有錢的人講話大聲，沒錢的人講話沒人聽」的處境。

兩千年，陳水扁當選總統，台灣人對本土政權的執政逐漸認可，康惟壤抓住了一次機會，在三重蘆洲地區代表台聯黨參選議員。自認過去參與群眾雜誌時，在地耕耘足夠，搭上過去運動與助選的經驗，康惟壤與一些市井友人，希望藉由參選取得進一步的政治資源，但最後仍告失敗，負債約莫一百萬。此後，康惟壤還是成立了一些地方組織，憑藉自己對左派的初步認識與熱情，談妥地方議員的贊助款項，成立勞動者協會關照地區弱勢，不斷嘗試長出自己的組織。對我而言，康惟壤出身市井，街頭時代之後仍希望走出自己的路線，即使最後沒有成功，也很值得我們借鏡。

康惟壤常常將「大愛與小愛」掛在嘴邊，讓我衝擊最大。社會是大愛，家庭是小愛，康惟壤將社會大愛放在人生的第一選項，人生過完大半也不大後悔這樣的選擇，我卻時常在想兩者真的有如此衝突嗎？大愛不就是為了小愛，但許多人卻在往大愛的路上捨棄小愛，這樣的衝突、矛盾，讓我對康惟壤更加好奇，當然，相處久後，我發現他的小愛不在我既定的家庭印象或個人生活品質，而是在朋友之間的互動與關懷。

至於選定曾心儀作為拍攝對象，在拜訪階段的討論中一直有爭議之處。以往曾心儀多以作家的身分與姿態出現在眾人眼前，似乎也代表曾心儀算是知識份子，又為何和康惟壤等人市井出身的背景，並置看待？對我而言，曾心儀並非典型學院出身的知識份子，運動歷程上，未曾也無能成為有影響力的意見領袖，本身的經濟能力也未能成為挹注民主運動的資助者。

比起康惟壤，曾心儀對權力更不在乎，更執著於是否與弱勢人民站在一起，除了自身個性因素外，曾心儀的成長經驗也十分特別。曾心儀是底層軍官的外省二代，父母親在她高中時離婚。之後她半工半讀希望考上大學，卻在二十歲和她的補習班老師戀愛、結婚，婚姻維繫了七年，二十七歲時離婚。前夫家是忠貞的國民黨家庭，離婚的起因是曾心儀寫

◆（右起）曾心儀與弟弟於父親墓碑前／廖建華攝影

了一篇非關政治的社會關懷報導，批判當時的政府，被婆婆視為危險的女人，此後前夫家便瞞著曾心儀，帶著兩個當時仍年幼的小孩，移民美國，女兒至今仍不願與曾心儀相認。

離婚後，曾心儀半工半讀，擔任過化妝師、櫃姐等工作，只為籌措生活與念書的費用，這也是為何曾心儀的小說，多半從都會中下階層女性的觀察出發。後來她考上大學夜間部，但彼時曾心儀已開始參與民主運動，在中間一度休學與被校方刁難的狀況下畢業。

和康惟壤最大的不同，是曾心儀始終對兩個小孩念念不忘，她認為參與民主運

◆ 曾心儀／曾心儀提供

動幫助需要幫助的人，就像是自己小孩有需要時，會有人伸出援手，對她而言，午夜做夢最快樂的，永遠是和兩個孩子在戶外草地野餐的愉悅記憶。詹益樺自焚後，曾心儀看著遺體那沒了毛髮的臉部，想起自己孩子剛出生時也如此的光滑圓淨，生命的美好與革命所造成的生命逝去，衝擊著曾心儀大半輩子。在過往錄像中，可以看到詹益樺自焚當下，許多人十分痛苦，我想曾心儀的這個衝擊，也在許多人內心中迴盪了大半輩子。這是我需要拍攝曾心儀的原因，不是為了建構國族意識、歷史政治那樣的出發，而是從家庭親人之間、運動夥伴之間去理解我們前往理想國度的路上，怎麼看待人的意義與價值。

曾心儀是個漂亮的女性，從許多照片中，可以看到她長直髮的打扮，細細的畫眉，即使年紀漸大，也維持著這樣的形象。但她說她不積極參與婦女運動，因為自己太衝，喜歡硬派一點的參與方式，婦運太柔弱，怕自己嚇到別人。特別有趣也值得提出的是，即使曾心儀對家庭與小孩的羈絆掛念，似乎符合社會對女性的某種刻板印象，但多數人對曾心儀的印象是剽悍、不畏懼的，看不過的人與事，會當場大小聲甚至翻桌，直來直往，無所顧忌。

二十七歲時曾心儀以批判歸國學人公害的小說《我愛博士》享譽文壇，時逢鄉土文學論戰影響，多在《夏潮》發表文章，因為一次意外的助選工作，讓曾心儀帶著文學對社會的使命感，進入政治工作。後來曾心儀轉而接近台派陣營，卻又被要求講台語。從一開始以小說文字與社會溝通，到後來棄筆從戎。我回頭去看曾心儀的文學作品時，《貓女》是我很喜歡的一部作品，隨後曾心儀更全心投入民主運動了。身為創作者的我，對於藝術如何改變社會的永恆命題，也很感到興趣。

## 狂飆一夢

「狂飆」兩字常被用來形容某個急速變化的年代，一九八〇到九〇初的反對運動亦是。時隔三四十年，當我遇上這群民主老兵，卻有種南柯一夢的感覺。

在萬仁導演的《超級大國民》中，出獄的男主角許桑在白色恐怖的五〇年代，因參與政治讀書會被捕入獄，出獄後已是街頭運動狂飆的八〇年代末了。開場不久後，他走在喧囂的台北街頭，當時騎機車仍不需要配戴安全帽，抗議群眾們倆倆雙載，呼嘯而過。有人綁著布條，有人叼著菸，許桑的西服穿著與這些來自市井街頭的儀態穿著，成為強烈的對比，但對比的不是階級，而是兩個不同時空並置的衝突感——在肅殺的戒嚴時期，一世代的青年集體嚮往社會主義，想追求更美好的世界，卻在仍萌芽之初便被當權者全面撲滅。而今，已不再是許桑年少時的台灣社會，街頭抗爭人們身處的，是經濟急速上升、時間寶貴的工商社會，一如從日本時代過渡國民政府時代的知識份子，熟悉的語言不再被允許，一切噤聲。那是台灣歷史總是斷代的遭遇，沒有傳承，每一代都必須重新來過。何況物換星移，許桑們內心的一切，無法對自己兒女訴說，無法對滿街的抗議者訴說，後來的康惟壤、曾心儀們，也無能對我們訴說。

那是無法被理解的寂寞吧。許桑們和基層運動者們都鮮少出現在庶民的日常記憶中，亞洲四小龍的頭銜，似乎更是我們亟欲重返的光榮往景。還算是青年的我，未來也會有這樣的寂寞嗎？

某次拜訪長輩後的回程，長輩用 line 傳給了我一則訊息，我想就以此作為這趟拍攝旅程的結尾，也謝謝他們。

小老弟：

年輕人有夢想「貢獻台灣」！令人感佩！

吸納社會養份，從人際關係（人脈）體驗、吸收。

光有理想是不夠的，支撐的力量不可或缺。

社會學就從人際互動開始，去累積豐沛的個人能量吧！

「經驗」告訴我！有成果才有影響力。過程是艱辛、漫長的……

能量是一點一滴聚集，有一天他會爆發，讓您意想不到！

謹勉之！

上帝護佑您！

◆一九八八年北基會二二八話劇演出／邱萬興攝影

◆一九八八年北基會反革命群眾大會／邱萬興攝影

◆ 一九八八年北基會反革命群眾大會邸／北基會提供

◆ 一九八八年北基會反革命群眾大會邸／北基會提供

◆ 反核運動／林清文攝影

◆反核運動／林清文攝影

◆ 反核運動／林清文攝影

# 1990 年 1 月 1 日至 7 月 10 日 慰問金發放情形

1990-7月

## 529 受難者慰問金

郭珍榮 5,000
張清池 5,000
黃喜彬 5,000
石正富 5,000
李祥星 5,000
陳萬得 4,000
李春成 5,000
梁英仁 5,000
林永興 5,000
廖春福 5,000
陳季良 5,000
黃明發 5,000
林明昇 5,000(捐學生調查小組)
陳通水 5,000
陳博雄 5,000
陳黃宗 5,000 (已交保)

## 529 受傷者慰問金

莊勝惠 5,000
洪志銘 3,000
盛誕春 3,000 (學生)
張素華 3,000 (學生)
曾茂興 3,000 (自主工聯)
吳惠芬 3,000
林岳峰 3,000

## 220 事件受難者兩次慰問金

楊建雄 10,000
陳慶松 10,000
郭榮元 10,000
賴東興 10,000
王富林 10,000
李振芳 10,000
丁藩雄 10,000
陳水木 5,000 (未收押)
王文輝 5,000 (已交保)
許秀夫 5,000 (一次)

## 其他事件慰問金

520 王景唐 5,000
520 林國華 3,000
520 蕭裕珍 50,000 (本會會員)
許曹德 3,000
蔡有全 3,000 (捐回本會)
洪志銘 30,000 (會員)
318 傅雲貴 10,000 (會員)
318 李逸洋 2,000 (會員)
陳振堅 20,000 (會員) 金馬返鄉
陳忠和 7,200 (會員) 台獨行軍
羅益世 9,000 (兩次慰問金)
1010 李光明 5,000
612 雷金寶 5,000 (會員每月 5,000 元)

合計 339,200 元

北基會—黨工的北基會

台灣民主運動北區政治受難基金會
TEL:02:5975520
地址:台北市雙城街 13 巷 1 號 2F
郵政劃撥 0790112-2 簡錫堦

◆慰問金發放情形／鄭南榕基金會提供

1988-5-17

◆北基會會訊，黃嘉光編輯／鄭南榕基金會提供



莫讓黨工成為反對運動的祭品

台灣民主運動政治受難基金會
FORMOSA POLITICAL CARE FOUNDATION
北區

# 北區基金會會訊

1

台北市北平東路30～2號2樓
電話：(02)3967903
會長：簡錫堦　總幹事：康惟壤

台灣民主運動北區政治受難基金會
FORMOSA POLILICAL CARE FOUNDATION

## 救援施明德大行動

美麗島事件最後一名政治犯施明德，目前正因絕食並拒絕三軍總醫院的強制灌食，而使生命遭受極大的危險，本會對此表示非常的關切。

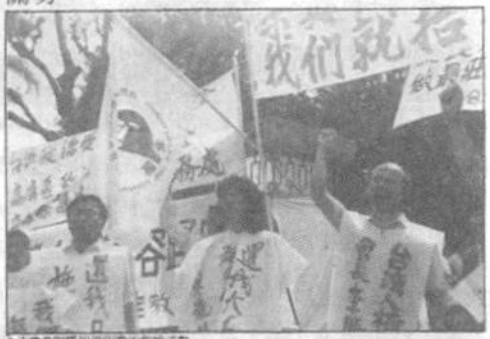


五月一日，本會會員吳金定、黃斌隆、洪志銘、劉金獅等人，即相偕前往三軍總醫院探視施明德，關心其絕食狀況下虛弱的身體。

五月二日，施明德家屬及島內人權團體台權會、關懷中心等，前往立法院請願，要求准予施明德保外就醫，本會也發動會員大力聲援。

五月六日，再度發動會員前往立法院，抗議國民黨政府不儘早釋放施明德，以及三軍總醫院對施明德絕食行爲的漠視。

目前，會址設在台權會的施明德救援會已決定在五月十七日發動遊行抗議，當天下午兩點要在立法院群賢樓前集合出發，晚上並在士林基隆河廢河道有一場盛大演講會，本會事先即通知全體會員，全力配合行動，一定要促成施明德無罪釋放。

## 北區基金會出版活動

北區基金會成立以來，受到會員熱心參與支持，以及各界人士踴躍贊助之下，會務推展順利。

爲了讓大家對北區基金會有持續及深入的認識，本會除了印製一份「莫讓黨工成爲反對運動的祭品」的簡介，以說明本會創會緣起、宗旨及活動外，並且將定期出版會訊，隨時報導本會動態，對於最重要的募款所得，本會也將全數披露在會訊上，以向會員及社會大衆徵信，希望大家繼續給我們鼓勵支持。

◆北基會會訊，黃嘉光編輯／鄭南榕基金會提供



## 《北區的關懷》

### 照顧329事件受傷的黃華

民進黨中央黨部組織部主任黃華，在329事件中擔任總糾察隊長，竟遭破壞遊行秩序的霹靂小組警員擊傷，頭部重創住院。

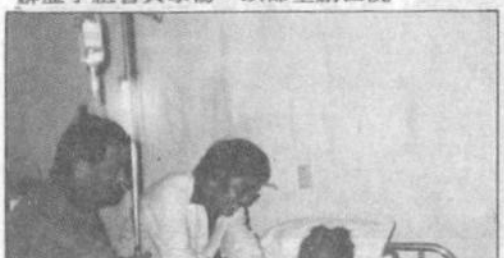

本會對運動中第一線的黨工再受傷害感到非常痛心，特由副會長蕭裕珍、管理委員廖耀松、尤清圳前往探視病情，致送五千元慰問金，並由熱心會員葉勝芳等人輪值照顧黃華。現在黃華已康復出院，我們歡迎他回到民主行列來與大家一同奮鬥。

### 關懷莊勝惠的家庭

在黨工之中，莊勝惠是遭受司法迫害較多的一個，在他坐牢期間，他可憐的老母就沒有人賺錢供養她，本會了解這些情形之後，決議予以援助，在元月二日首先致一年份六萬元的安家費給莊母，希望她堅強等候兒子出獄，同時讓她了解，莊勝惠的行爲不是犯罪，反而普獲肯定，將會對民主運動做出貢獻。

### 慰問機場事件李建松家屬

1986年機場事件多名被起訴者之一李建松，家住苗栗，是本會會員，在遭法院判刑確定服刑後，因家境陷入困境，本會除在四月五日由副會長蕭裕珍、總幹事康惟壤及會員李添瑞前往苗栗李宅探望李母及其妻女外，並致贈慰問金五千元。

了解了李建松的家庭狀況後，本會再度於四月二十九日委派管理委員廖耀松等人前往李宅，致贈安家費十萬元，希望在李建松遭迫害坐監期間，他的一家老小仍能擁有一個穩定的生活。

### 北區基金會責任重大

本會立會以來，曾經以致送慰問金的方式表達關懷的，尚有台北市的蔡有全、許曹德，台北縣的蕭貫譽、柯家聲（以上致贈8,000元），以及台中縣的蔡秋木（致贈5,000元）。致送款項表示慰問是小事，重要的是，由這一點顯示第一線的黨工，是冒了多大的危險在從事反對運動。我們感到責任的重大，也希望大家共同來關心。

## 《感念這些弟兄》

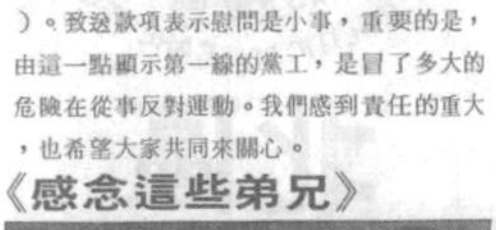

- 4月26日，會員黃斌隆、童鴻欽幫忙聲援會搬遷至基金會辦公。
- 5月2日，會員吳金定、廖耀松、易小文幫忙「歡迎綠島良心犯歷劫歸來關懷晚會」佈置會場。
- 5月10日，會員李傳文、藍振國幫忙蔡許案聲援會製作標語。

# 情感與成長

爲了使我們的黨工對反對運動的理念、組織及運作方面有進一步的了解，北區基金會在烏來迷你谷舉辦了一個幹部訓練營，使大家有一個共同研討的機會。

3月27、28兩天，二十五名黨工齊聚在迷你谷，進行了爲期兩天的課程與共同生活。

第一天的課程，是由民進報總編輯謝明達主講「展望台灣政局，談黨工責任」，民進黨中央黨部副秘書長邱義仁主講「黨工應如何組織動員」。

第二天的課程，是由台灣史作家楊碧川主講「韓國經驗」，綠色小組成員鄭文堂主講「媒體與宣傳」，其間並有兩堂分組討論，分別由簡錫堦、蕭裕珍主持「台灣獨立研討會」及簡錫堦主持「分組執行與活動設計」。

其中謝明達所主講的題目涉及到黨工自主性的問題，特別值得黨工思考。

謝明達演講說，在七〇年代初期，只有黨工

反抗公職掛帥的黨工意識覺醒，但並無一完整的團體，一直到八七年北區基金會成立，才算有一特屬於黨工的階層出現，因之對黨工組織的未來發展，有必要超越以前只反省反對者角色、及路線問題的模式。而民進黨

在這種局勢下，也有必要重新省視這一層面上的意義。

謝明達表示，黨工必須本身覺悟到自己是一個獨立體，是反對運動的工具，而不是公職人員的工具，並且選擇單一議題，積極投入社會與民衆的工作，才能厚植反對運動的社會基礎，而這也是黨工的生存之道。

## 北區的支持》

### 探望蔡有全、許曹德

了關懷蔡有全、許曹德，本會會員康惟壤耀松、黃斌隆、賣馨儀、林永生等人，14偕同蔡、許家屬周慧瑛、徐秀蘭前往土城守所探望，蔡、許兩人對獄外同志的奮鬥示寬慰，並對家屬也多有勉勵，顯見他們在獄中，但仍很堅強的一面。

### 支援蔡許台獨案聲援會

蔡有全、許曹德台獨事件聲援會」14日在雄市舉辦群衆演講會及遊行，本會會員洪家、林榮章、陳東騰、陳振堅等數十名前往援，除幫忙分發傳單外，並參與遊行等活。

工、會員的熱心與熱情，是整個活動中的股暖流，這不僅是大家感念蔡有全這位北基金會原始的規劃人，更在於爲了保衛言自由，大家都有決心要盡全力將蔡有全、曹德這兩位兄弟救援出來。

## 《北區的動態》

### 本會22日拜訪中區基金會

應「台灣民主運動中區政治受難基金會」的邀請，本會目前正接受會員報名，定於本月22日前往拜會中區基金會，當天有空的會員，歡迎您來參加。由於名額所限，本會僅預定50名，一部遊覽車，有意參加者請提早向本會報名。

### 27日蔡許台獨案聲援活動

蔡許案聲援會已決定在本月27日，在台北市舉辦一場演講會及遊行的群衆大會，詳細地點未決，請隨時注意新聞通告。

### 錄影帶義賣

1.「莫讓黨工成爲反對運動的祭品」：
內容是本會成立晚會中演講的實況錄影，分爲上、下兩輯，演講者有民進黨首任主席江鵬堅，國大代表洪奇昌、翁金珠，醫師陳永興等人。

2.「誰怕台灣獨立？——黨工的血與汗」：
內容是本會在板橋舉辦演講會的實況錄影，本次節目內容主要是以黨工的貢獻及其心聲爲主要的重點，歡迎大家採購。

## 《募款報告》

● 1987 年

1. 12／20台北　北區基金會成立晚會
   募款所得 $204,722元。

● 1988年

1. 4／10　板橋　歡迎柯家聲、蕭貫譽歷劫歸來演講會募款所得 $51,163元（另美金 50 元）
2. 4／11　士林　3・29 事件說明會
   募款所得 $184,580元。
3. 4／14　板橋　北區基金會演講會
   募款所得 $81,688元。
4. 4／26　台北　護憲說明會
   募款所得 $91,596元。
5. 4／30　台北　謝長廷問政說明會
   募款所得 $11,300元。

總計：　$625,029元（另美金 50 元）

台灣民主運動北區政治受難基金會入會申請表

| | | | |
|---|---|---|---|
| 申請人姓名 | | 姓別 | □女　□男 |
| 通訊地址 | | | |
| 入會項目 | □基本會員　□榮譽會員 | | |

◆北基會會訊，黃嘉光編輯／鄭南榕基金會提供

莫讓黨工成為反對運動的祭品



台灣民主運動政治受難基金會
FORMOSA POLITICAL CARE FOUNDATION
北 區

# 北區 基金會會訊

8

地址：台北市雙城街13巷1號2樓
電話：（02）597－5520
會　長：洪志銘
副會長：蔡萬吉　總幹事：黃國良

台灣民主運動北區政治受難基金會
FORMOSA POLILICAL CARE FOUNDATION

# 《北基會五週年紀念餐會》

北基會創會迄今已屆五週年，歷經了1825個寒暑，9月9日晚上6時30分，北基會將在環河北路與敦煌路底的淡水河第六水門外廣場，舉辦了一場「回顧與展望」的五週年紀念餐會。

當晚獲得邀請出席的受難者，有台灣應該獨立案的許曹德、蔡有全，妨害公務案的林文山，220抗爭案的丁蕃雄、楊建雄，520農民抗爭案的林國華、林濁水、李江海、邱鴻泳、黃嘉光、陳茂雄、蕭裕珍、魏木卿，獨台會案的王秀惠、安正光、馬撒歐、陳正然、廖偉成，台建組織叛亂案的林永生、杜昭榮、許龍俊、陳婉眞、鄒武鑑、江蓋世，新國家運動案的黃華，台獨叛亂案的王康陸、李應元、郭倍宏、陳榮芳，以及「最後一位叛亂犯」張燦鍙之妻張丁蘭。

台教會的林山田、林逢慶教授，萬佛會的聖安法師，長老教會的林宗正、羅榮光，陳福助牧師，以及民進黨江鵬堅前主席、邱義仁副秘書長、台獨聯盟中央委員李勝雄律師均將蒞會。

本餐會以認購餐券方式進行，餐券每張500元，請大家踴躍支持。詳情請電：（02）597-5520。

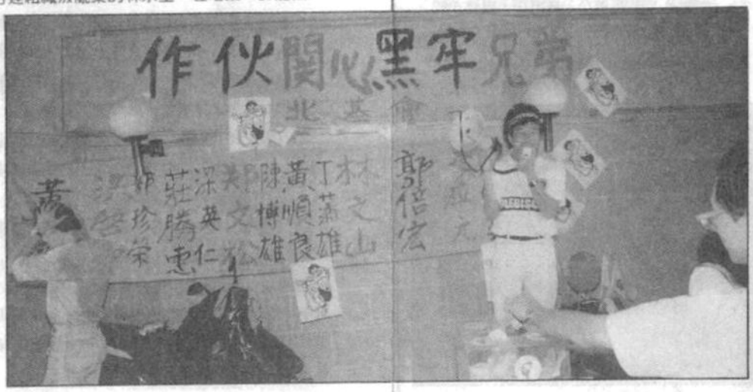


■北基會的運動目標得到社會廣泛的迴響

◆北基會會訊，黃嘉光編輯／鄭南榕基金會提供



# 《關懷在監受難兄姊》

隨著刑法第100條和平內亂罪的廢除，我們許多因此一條文而受監禁的兄姊已經獲得不起訴處分，而重獲自由，郭倍宏、李應元、王康陸、陳婉真、江蓋世、林永生、鄒武鑑、許龍俊等，都已經回到我們的身邊來，和我們一起打拚，這表示我們奮鬥的方向正確，打拚的成效顯然。我們歡迎這批可敬可愛的兄姊加入我們的隊伍！

不過，監獄並不因而與我們的兄弟「絕緣」，目前仍有多位同志在獄中受難，我們盼望諸位熱心的會衆，繼續對他們表示關懷。

目前，拘於土城看守所的有：梁英仁，編號2225；張燦鍙，編號3807；高清南，編號2692；林順源，編號771。

拘於桃園監獄的是：莊勝惠，編號1130

■是歡迎歸來的餐會，也是再出發的戰鬥營

拘於宜蘭三星監獄的是：洪啓中，編號168

拘於台東泰源監獄的是：鄭文松，編號024

## 關懷組工作報告

本會關懷行動，自今年元月13日起，至5月18日止，共發動18次，分別是：

元月份：13日至出城探望張燦鍙等四位，並致送春節慰問金；同日並前往關懷會員郭霜英喪子。18日前往關懷會員林文山家屬，並致送春節慰金。22日前往探監黃華，並致送慰問金。23日前往土城探監梁英仁，並寄送慰問金。24日至桃園監獄探監莊勝惠，並致慰問金。27日至台中探監江蓋世等，並致慰問金。28日至土城探監高靖南、王康陸。31日前往關懷二林反暴力而受傷之謝聰敏，並致慰問金。

二月份：10日前往台中探監陳婉真，並致慰問金。15日參加並關懷會員郭霜英喪子告別式。

三月份：5日至土城探監梁英仁，並送書籍。9日郵寄書籍目錄予各受難同志圈選購讀。

五月份：1日至土城探監高清南、林順源。2日至中壢關懷工運幹部曾茂興家屬，並致慰問金。4日至台中關懷陳婉真等人。7日至龜山探監黃華。18日前往迎接黃華返家團圓。

■社會、環保運動是來未抗爭的主體

# 《捐獻與募款》

## 財務組工作報告

自1991年12月1日起至1992年6月30止，本會陸續獲捐數額不等之款項，總計243,800元（另美金100元），募款所得總計250,272元，分類細目如下：㈠熱愛台灣民主運動人士捐款，合計208,100（另美金100元）：

陳錦標50,000、李民統3,000、李江海4,000、蔡啟芳2,000、無名氏600、藍振國1,000、黃鑫哲2,500、謝清溪1,000、林文山5,000、雷金寶2,000、王榮樑1,000、任義1,000、洪太太500、簡宗堯1,000、康學興800、洪志銘5,000、嘉義228祭拜團體5,000、100行動聯盟100,000、高雄三民聯誼會5,000、台灣教師聯盟10,000、海外聯誼餐費結餘7,700、台北市議員卓榮泰服務處3,000、美國同鄉鄭楊昭美US＄100。

㈡詹益樺三週覺紀念活動捐款，合計30,000元：

鄭南榕紀念基金會、公民投票促進會總會、台灣人權促進會等，各捐10,000元。

㈢本會第四次幹部組訓營捐款，合計2,700元：

蔡萬吉200、孔祥希200、林文山700、曹清嘉200、許文龍200、李瑞安200、張清桂1,000。

㈣各項集會募款，含義賣所得，計四場次，得款250,272元：

①1991年12月10日新生公園，人權之夜，募得156,671元。

②1992年2月22日：台中棒球場，228事件45週年晚會，募得7,850元。

③1992年4月19、20日：台北體育場，總統直選活動，募得63,350元。

1992年5月16日：金華國中，100行動聯盟和平內亂告別說明會，募得22,401元。

# 《受害者最有力的後援》

## 活動組工作報告

在1992年上半年度，除開一月份活動已於上一期會訊中有所報導外，二月份至五月份，一共舉辦或配合進行了64場次的活動，細目如下：

㈠二月份，共計10個場次

12日：至桃園機場迎接張丁蘭女士返台

15日：至高雄等法院聲援張燦鍙幾獨案開庭
21日：參加100行動聯盟至故法院拜會活動
22日：參加台中公投會活動，演出228話劇
23日：參加公投會主辦的大遊行活動
24日：參加反核四活動，並至行政院拜會
26日：參加歡迎 Gerret、陳美津夫婦返鄉會
27日：本會劇團至嘉義車站演出228故事劇
28日：支援義光教會至林家墓園致祭活動
29日：至高等法院聲援王康陸台獨案開庭

㈡三月份，共計13個場次：
2日：聲援反核四1003案宣判
　反核四1003案判決後至總統府請願
7日：至台中高分院聲援陳婉真開庭
8日：參加反電子媒體壟斷抗議活動
10日：聲援勞支會抗議引進大陸勞工活動
　支持環保國代至總統府的請願活動
11日：聲援陳榮芳返台案宣判
12日：支援反核學生至美國在台協會抗議
　參加曾茂興坐監惜別會活動
13日：參加全民反核四立法院請願活動
15日：支援社會福利促進協會街頭活動
20日：參加1003行動聯盟草山請願活動
28日：至高院聲援李應元台獨案開庭

㈢四月份，共計23個場次：
5日：至桃園機場迎接外省子弟黃秀華返台
6日：參加社會權聯盟至草山請願活動
7日：支援刑法100條受難家屬至行政院抗議活動，直至17日，連續共11天
　支援紀念鄭南榕三週年晚會
8日：參加社會權聯盟至國民黨中央抗議
18日：支援台權會募款餐會
19日：參加民進黨大遊行靜坐忠孝西路抗議活動，直至24日，連續共6天
26日：參加並支援反核大遊行活動

㈣五月份，共計18個場次：
1日：支援勞工陣線募款餐會
2日：至高院聲援郭倍宏台獨案開庭
8日：至桃園機場迎接李界木博士返台
12日：支援環保聯盟反核四、飢餓24活動
14日：至桃園機場迎接陳唐山返台，未果
16日：至高院聲援郭倍宏台獨案開庭
　支援100行動聯盟和平內亂罪告別會
18日：迎接黃華返鄉團圓
19日：召集合辦詹益樺三週年追思紀念會
21日：支援原住民草山抗議活動
23日：聲援王康陸、李應元、郭倍宏得釋
24日：至高雄支援勞工陣線募款餐會
　參加廢國大、反獨裁大遊行活動
25日：至台大支援原住民學生抗爭正名活動至26日，連續共2天
27日：支援台大學生會改選說明會
29日：至桃園機場迎接張舜華返台
30日：至高院聲援張燦鍙台獨案開庭

◆北基會會訊，黃嘉光編輯／鄭南榕基金會提供



# 政治轉型期中新的戰鬥位置

## ——北基會成立五週年誌感

自從1987年創會至今，台灣民主運動北區政治受難基金會成立已經有五年了。五年來，我們時而愴然含淚，看著我們的兄姊被打擊迫害、落監下獄在受難；時而歡然展顏，迎接受害受難的兄姊平安回到我們的身邊，和我們一齊打拚。對這五年，我們有一些感觸，也有一些感想，想和我們的同志們談一談。

北基會創會於民進黨組黨成功之後的政治突破期，在這期間，我們眼睜睜看著勇敢投入政治抗爭第一線上的黨工同志，一個一個成為我們和國民黨戰鬥中的犧牲者。我們志願獻身於追求台灣獨立和自由的歷史性運動，對區區皮肉之傷或牢獄之災，原本無怨無尤，但基於對運動的忠誠和對同志的疼愛，我們無法任令這些對運動死忠奉獻的黨工白白成為反對運動的祭品！為了讓他們深切體認我們的同志愛，讓他們了解到，當他們受難之際，他們的親人家屬仍然得到關照，我們毅然自發性地籌組了這個後援的，但也是前鋒的，期援的，但也是運動的組織，這個組織是黨工的大家庭，在這裡，黨工同志得到了歸屬感，擁有了認同的目標，在熱烈然而也冷酷的街頭戰鬥之後，黨工同志從這裡獲得相互的溫暖與慰藉。

就是因為這種血肉相連的歸屬感或認同感，我們北基會發揮了高度的凝聚力，不僅在會務的推動上日有進步，各界人士對我們的支持與肯定也日有增加，從從我們在各項集會上對不特定眾人的募款所得到的效應，以及我們在財務績效上曾經有高達百萬的基金，即可證明。然而，我們不得不指出，在這份漂亮的募款成績單上背後，同時也代表了我們眾多的兄姊，正陸陸續續地遭受到政治迫害，我們募得的款項愈多，我們發出的慰問金也愈多，我們絲毫無法以此募款績效為傲，因為這代表了政治的迫害仍然是我們黨工同志最大的威脅，畢竟我們奮鬥的真正目標，是一個民主的社會，自由而獨立的國度，而不是金錢。

從黨禁被突破，戒嚴令被取消，動員戡亂時期與非常時期的漸次終止，乃至刑法第100條和平內亂罪的廢除，連過去專門用來對付政治異議份子人士的警備總部都已經在最近被裁撤，我們在牢獄中受困受害的兄姊逐漸都重獲自由，現在，台灣獨立的呼聲響徹雲霄，人民不但有主張台灣獨立的自由，不再受到政治和司法的迫害，人民也有組織以台灣獨立為宗旨的政治團體的自由，不再被迫轉入地下，流亡海外。我們不猶豫地說，這一場戰鬥，我們是勝利了，而我們的黨工是踏踏實實地奉獻了力量，這份功勞，值得在台灣獨立運動史中記上一筆。

圖希望台灣社會永遠不再有政治犯

然而，我們也要不客氣地說，台灣的政治反對運動，已經面臨了轉型期，統治者放鬆了箝制政治的魔手，但卻同時加緊了對社會運動的控制，當政治抗爭的急先鋒脫穎而出時，也正是社運工作者慘遭打擊的時刻，政治與司法的魔鬼不死，它只是轉移了壓迫的對象而已。從這樣的一個觀點來看，我們北基會不僅不應該因為政治自由度的擴增而懈怠，反而應該重新在這一場新的社會鬥爭中找到自己的戰鬥位置，奉獻出我們的力量。

北基會是完完全全屬於我們黨工的組織，有明確的主體性，也有充分的自主性，在社會還存在著政權壓迫人民，階級壓迫階級，集團壓迫集團的矛盾時，我們都有責任來對抗它。我們隨著客觀環境的轉變而會有所調整，也跟著社會的進步而有所成長，但我們將不會忘記我們根本的目標，那就是求得社會真正的和平與解放！

莫讓黨工成為反對運動的祭品

◆北基會會訊，黃嘉光編輯／鄭南榕基金會提供

# 第一章 Chapter One

## 回到那個年代／何孟樺

# 一、台灣民主化與沒有歷史的人

任何將這個總體拆散為星星點點，而後又不能加以拚合復原的研究，都是歪曲事實真相。如此來取代我們對真實歷史的認識。如果能夠了解這些名詞其實反映了一種多重關係的糾結，並且重新將這些抽象名詞放在事實脈絡來理解，我們才可望避免歪曲的論斷而增加對事實真相的了解。——Eric R.Wolf，《歐洲與沒有歷史的人》

在我的碩士論文《台灣民主化與沒有歷史的人》主要的研究對象，是在民主運動中非權力核心的非政治菁英，但是他們對於民主運動的熱心參與程度，也不能僅將他們定義為支持群眾。我將他們大多數的人定義為「基層參與者」，是「政治菁英」和「支持群眾」之間存在的曖昧層級，他們看似一般支持群眾，但是他們在民主運動中的行動超乎一般支持者，並形成一個有別於政治菁英的「反對運動圈」，持續地找尋潛在支持者為主要的行動，本書提到的許多角色與《狂飆一夢》裡頭主要角色，大都屬於這個範疇。這是一個屬於平凡人的故事。

我們從概念架構圖中指出他們應該存在的位置，除了民主運動領導者，其他種類在台灣民主化過程中，都比較屬於所謂的「基層參與者」這個範疇。其中「組織工作者」所扮演的角色更是重要，他們發現群眾，使他們進入到反對運動圈，參與民主運動。用選舉術語來說，他們把空氣票轉化為可以估算的組織票。

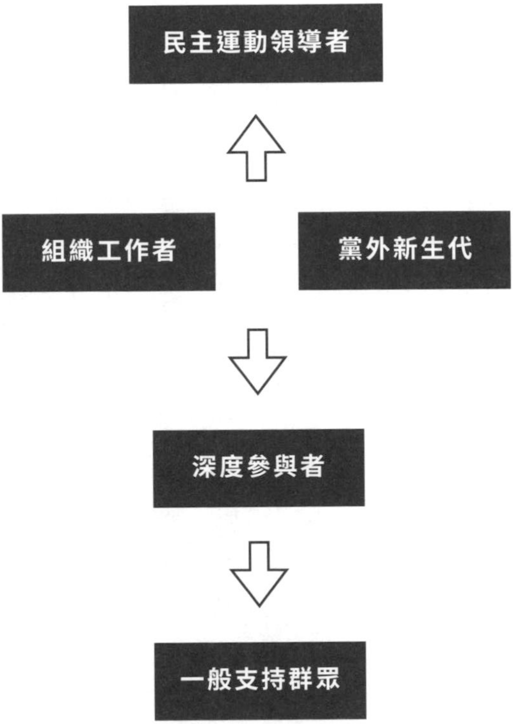


◆ 概念架構圖

而你是否也曾好奇，為什麼這些「組織工作者」會開始做組織呢？他們的動機與原因是什麼？看雜誌聽演講的民主運動支持者很多，那他們為什麼又更向前一步，跨出具體的行動，開始更加艱難又危險的一條路呢？而民主運動中的基層參與者，在那個封閉的戒嚴社會，又是如何、在哪裡被找到？這些人又有什麼樣的共通性？讓他們在國民黨一黨獨大的戒嚴時代，成為黨國的「漏洞」，開始支持民主運動？除了找到支持者之外，這些「組織工作者」又是如何讓這些人願意在戒嚴時代加入組織？然而最後，這些基層參與者又是如何離開歷史的舞台？本章會告訴你這些故事，也會告訴你這些民主前輩，是如何用自己的一生，讓台灣社會走向更加理想的國度。

## 民主運動中行動者幾種身分

基本上，我們以一九八〇年代，也就是台灣民主化這段關鍵時期的行動位置，來識別民主運動中行動者幾種身分。而以往民主化敘事中，我們所認知的「群眾」，就是「政治菁英」與「黨外新生代」之外的其他三種行動者。

### （一）政治菁英：

政治菁英可分為幾種，首先是公職人員，他們在當時國民黨主宰的選舉中勝出，絕對是當時民主運動的領導者。再細分的話，他們又能分為幾類：1.以台北地區活動為主，影響力擴及全台的中央政治菁英。2.地方政治菁英，他們也是公職人員，但是政治勢力以特定地方為主，多為地方派系起家，有較為穩固的群眾基礎。

公職人員之外，還有一群知識份子型政治菁英，他們雖未擔任公職人員，但他們「非公職人員掛帥」路線的成功，使他們也有不可忽視的影響力。

（二）黨外新生代：

他們最靠近政治菁英，同樣也是知識份子，藉由校園內既有的社群網絡進入「主流的民主運動圈」，擔任政治菁英的助理與雜誌社的寫手。他們少數在民主化時期進入領導層級，領導民主運動的走向。這些知識份子也能生產論述，發起活動。他們被視為政治菁英的接班人。

（三）組織工作者：

他們在民主運動的貢獻，是作為一般群眾與政治菁英之間的中介，負責聯繫、組織與動員，而這些人多會成為民進黨成立之後，許多次級團體的領導者，這些次級團體是當時街頭運動主要動員群眾來源。

（四）深度參與者：

他們與基層組織者最大的差別在於，他們不以「做組織」為參與民主運動的方式，而是以協助政治菁英或是組織者。他們在基層組織者與政治菁英的組織之下，多會加入次級團體。這些深度參與者也會直接與群眾接觸，因此他們也會有動員群眾的能力，但不會像基層組織工作者般積極組訓或是成立次級團體。

（五）一般支持群眾：

他們是支持民主運動的一般群眾，也會到現場參與，但是並未加入民進黨或其他次級團體，也就是未進入任何民主運動的組織網絡，是以個人的方式參與民主運動。他們未參加任何團體也許並非完全出自於自己的信念，而是可能沒有參與的機會，以及找到自己在民主運動中的位置。

在上述幾種行動者中，最有趣的是基層組織工作者的角色，他們是「政治菁英」與「群眾」之間的橋樑，他們運用許多方法，把政治菁英枯燥、太過理論的理想轉化散播，用實體行動使更多人知道民主運動的理念。我們將在後面陸續介紹他們的故事，基本上，本章會登場的人物如下：

| 姓名 | 地區 | 角色 | 經歷 |
| --- | --- | --- | --- |
| 黃耀明 | 屏東縣 | 組織工作者 | 輔選黨外、也是首位客家屏東縣長邱連輝，參與黨外公政會屏東分會成立，及民進黨屏東縣黨部成立。 |
| 鍾朝雄 | 台北市 | 組織工作者 | 公政會台北分會義工隊隊長，在民進黨圓山創黨時，擔任門口秩序維護。 |
| 廖耀松 | 台北市 | 組織工作者 | 負責美編及印刷工作，製作各式活動手舉牌與美宣物，包含民進黨圓山創黨時的大旗，並參與北基會成立。 |
| 洪志銘 | 新北市 | 組織工作者 | 民進黨新北市黨部創黨黨員，曾加入新潮流，擔任過洪奇昌服務處主任。 |
| 馮清春 | 屏東縣 | 組織工作者 | 客家運動及農民運動大老，亦參與民主運動，如黨外公政會屏東分會的創立。 |
| 戴振耀 | 高雄市 | 組織工作者 | 民進黨創黨黨員，也是新潮流創始成員，主要在高雄做農運組織工作。立法院第一、二屆立法委員。曾任農委會副主委。 |
| 黃財旺 | 高雄市 | 組織工作者 | 與戴振耀共同從事農民及民主運動，號稱高雄議員助產婆。 |
| 蕭裕珍 | 台北市 | 黨外新生代 | 曾任林義雄及康寧祥助理，五二〇農民運動副總指揮，北基會第一屆副會長，第二屆國民大會代表，及第三屆立法委員。 |
| 楊根龍 | 新竹市 | 深度參與者 | 參與各式街頭運動，並接受「風城民主聯盟」培訓。民進黨創黨黨員。 |

黃耀明是從助選開始參與民主運動。他長期為前屏東縣長邱連輝的助選員，參與黨外公政會[1]屏東分會成立，並擔任秘書長，找到會員（這些會員多成為民進黨第一批黨員）。在台北地區的鍾朝雄是編聯會跟黨外公政會台北分會的會員，擔任過公政會台北分會義工隊隊長。

洪志銘活躍的地方主要是新北市，組織雙和民主聯誼會，後來成為洪奇昌服務處主任；馮清春也是來自於屏東，原本是一位國小老師，美麗島事件後開始參與政治活動，幫忙潘立夫與邱連輝助選。民進黨創黨之後轉而參與農民運動，也擔任過全國農民聯盟主席、副主席與執行長。

農民出身的戴振耀做組織的方式則是培力農民，他在高雄縣務農，並將農寮變成農民教室，組織農民。後來戴振耀也參與立法委員選舉，做了兩屆立委，將當時農民教室所討論的水租與老農年金變成實際的政策。

我們將在接下來一一訴說他們的故事。

---

1 黨外公政會全名為「黨外公職人員公共政策研討會」，為民進黨創立前的組織團體，基本上民進黨由「黨外公政會」及「編聯會」兩個團體組合而成。

## 基層反對運動圈的形成

**洪志銘：參加三年四年以後，你會想，我參加運動是要幹嘛？我們運動的目的是要做什麼？**

這些組織工作者會開始做基層組織，主要是因為在參與民主運動的過程中所遭遇的一些失敗經驗，讓他們有了「必須要組織」的想法出現。他們認為必須這樣做，才有辦法打倒國民黨的威權統治。像是戴振耀在參與橋頭事件後產生的感觸。而黃耀明所遭遇的失敗事件，是幫忙助選的邱連輝，在一九八五年競選屏東縣長連任失敗。整體而言，一九八〇年代之後，這些基層組織工作者才開始出現，他們活躍期間一直到一九八〇年代末，風起雲湧的街頭運動時代。

洪志銘做組織的時間稍晚，在一九八七年開始擔任洪奇昌服務處主任後。在擔任服務處主任之前，洪志銘也是一九八六年所成立的雙和民主聯誼會發起人。雙和民主聯誼會是黃煌雄選完立委後，由助選志工所組成的團體，為了延續助選時的力量。不過，洪志銘認為，雙和民主聯誼會的聯誼性質較重，沒有任何組訓工作，參與成員沒有中心思想，所以到後來，雙和民主聯誼會就慢慢變質，成為一般聯誼性團體。因此當洪志銘擔任洪奇昌服務處主任之後，將很大一塊重心放到組訓工作上。

筆者：為什麼只有在洪奇昌這邊才有在做組訓？是洪奇昌說要做的嗎？

洪志銘：不是。洪奇昌叫我去當主任，我說如果你一個（組織），因為有雙和聯誼會的前車之鑑啊，如果沒有任何功能的時候就沒有什麼特別意義嘛，所以我說，好，我來做這邊的話，來開設民主論壇啊！

這些基層組織工作者，運用自身參與民主運動的經驗認知到過往的不足之處，進而開始產生想法、採取行動。而在這之中，我們或多或少會看到政治菁英對他們的影響，不過，政治菁英在這裡所扮演的角色，主要還是將自身的政治資源，給予這些組織工作者一個位置與空間，使他們有開始經營基層的契機。就像上述洪志銘告訴我們的，洪奇昌並未干涉服務處主任的工作內容，因為服務處主任這樣的工作角色，使洪志銘能有一個空間去實現民主論壇的想法。

而他們所組織的團體，成為與政治菁英的民主運動圈很不一樣的社會網絡及文化，在這裡我把它稱為「基層反對運動圈」，這是這些長輩們受盡各種生活苦難與人生思考之後，所來到最溫暖的同溫層。

## 小傳　洪志銘／文・莊程洋

◆洪志銘／廖建華攝影

其實洪志銘可以活得很平凡，甚至優渥。他的父母都是留日、學醫的高知識份子。考不上醫科的他，學了土木，畢業後進到公路局工程處，原本可以一輩子不愁吃穿，甚至口袋滿滿。他卻在五年後離職，因緣際會地被捲入了民主運動的浪潮中，甚至自己也扮演了「興風作浪」的角色。

洪志銘的人生，老早就埋下了被民主運動召喚的伏筆。在篤信基督教的家庭中成長，由終身不講華語、曾被國民黨政府關了二十八天的父親養大，雖然年少時從報章雜誌意識到有人在反抗，但在進入職場之前，未曾萌生投入民主運動的念頭。一直到自己在公路局工程處工作，日日體驗夜夜笙歌的官場文化，擔憂起自己是否會變成弊案的代罪羔羊，而基督教的信仰價值，也讓自己動了離職的念頭。在工程處待了五年以後，洪志銘還是毅然決然地放棄這份穩定與高薪的工作。

三十出頭的洪志銘，原本想去讀神學院，當神職人員，但後來覺得自己意志不堅而作罷。在這段沒有穩定工作的日子裡，過去在工程處的經驗派上用場，他協助土木科的老同學們與政府打交道，賺些小錢維生。某次出差到高雄，卻遇上美麗島事件。他與許多好奇民眾在旁圍觀，發現抗議者的隊伍中竟然有許多牧師，讓他印象深刻。從此以後，他便開始積極參與民主活動。參與活動多年後，洪志銘獲黨外人士的信任，被邀請加入黨外公政會，雖然與公政會的核心成員相比，自己仍是「腳手」的角色，但自己便開始會約其他義工一起完成某些任務。久而久之，「就有越來越多人願意與我一起做事了」。

一九八六年民進黨成立後，公政會進入政黨體系，這群義工還沒辦法入黨，但又想要「就跟著民進黨走」，怎麼辦？洪志銘跑去中央黨部，與當時負責活動的魏耀乾說：「我這裡有一起做伙的，名字要叫什麼？」魏就說「台灣民主雙和聯誼會」啊。之後民進黨中央黨部也就派人來招募黨員，洪志銘也在新店、花蓮複製「聯誼會」模式，民進黨各地支持者也就因此組織化。雙和聯誼會初試啼聲，是在桃園機場事件時，戰車帶頭、鑼鼓喧天，隨後落單民眾紛紛跟隨、各地團體來訪求教。

◆ 洪志銘／廖建華攝影

民進黨初建黨，投入各地參選的候選人並無穩固基層，洪志銘的組織才能獲得民進黨人重視，因此被延攬進洪奇昌的雙和服務處當主任，這也是他最忙碌的時期，身為服務處主任，不僅要募集社會資源營運，也要辦活動吸引群眾，更要培養基層幹部。與此同時，街頭上有大批民眾甘為「黨工」，為了理想目標，站在第一線衝撞警方，因此受到國家暴力的鎮壓。洪志銘與其他黨工一同組建了北基會，不僅照顧受暴民眾及其家屬，北基會的同仁們也成為各種大大小小運動的糾察，曾擔任過北基會會長的洪志銘，成為許多街頭運動背後的謀劃者。

◆一九八九年鄭南榕告別式洪志銘（左一）、陳婉真（左二）／邱萬興攝影

一九九三年以後，洪志銘不再將精力放在選舉運動，跟上了社區發展的熱潮，幾乎跑遍全台北縣（現新北市）三百多個社區，輔導社區與訓練幹部。當許多民進黨人隨著公職逐漸進入權力核心時，他選擇留在民間，希望能讓更多受到壓迫的民眾，擁有自我組織與抗爭的信心與能力。

二〇〇〇年至二〇一四年，為了照顧自己年邁的母親，洪志銘過著深居簡出的生活。由於太陽花運動，才使一群老黨外重新集結，洪志銘被召喚出來，投入組織者訓練，期待能將過去的經驗、思考與意志，傳承給年輕的行動者。

但訓練營期之外，時常得到過去同志生活困頓、無人聞問的消息，也時不時接獲訃聞，發現過去的同志連安葬都困難，使他不禁思索，自己是否有愧於，那些在年輕時受到自己鼓舞，而脫離尋常人生路徑、追尋終極目標的同志們？

## 小傳 蕭裕珍

在前面的出場人物簡介可以發現，蕭裕珍相較於其他人，算是比較檯面上的人物，在民主化之後，也曾當選國大代表、立法委員等公職，雖然現在已淡出政治圈，不過可能很多人不知道，她可是五二〇農民運動的「首謀」，擔任副總指揮，被判刑兩年多。

蕭裕珍參與民主運動的發展路徑，屬於知識份子參政類型，當初考上輔大法律系接觸到台大異議性社團，後來更成功轉學台大。會開始投身民主運動，是在法律系時學到的人權、法治等觀念，加上求學時期，因為頂撞教官出爾反爾的決定，讓從小到大乖乖念書的她被記了一支大過，深深地影響她對台灣當時社會的認知。

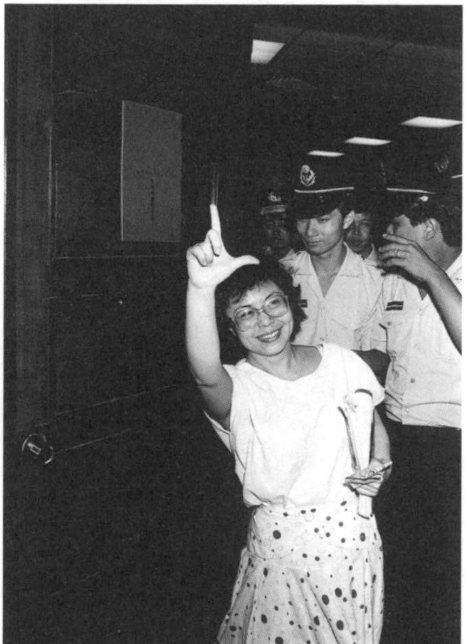

◆一九八八年蕭裕珍為五二〇農民事件受難出庭／邱萬興攝影

而像蕭裕珍這些大學生們，可不只留在校園中，當時社團成員們認為必須要有實踐性：要關心社會就要實際進到社會中。因此在康寧祥與黃信介競選立委時，大家就跑去擔任志工幫忙助選。後來更認為不能都只留在台北市，而在某一年暑假展開「南下木馬」計畫，到了台中與高雄，一九七七年選舉時，這些學生們南北串連，成功推出「學生全國巡迴助選團」，駐點助選。這可以說是各式學運的某種濫觴，早於野百合學運及台大李文忠事件。

◆ 蕭裕珍（中間）／北基會提供

法律系畢業之後，蕭裕珍在林義雄法律事務所擔任法務助理，也因為這份工作參與這段歷史潮流，像是美麗島事件時，康寧祥打電話來找老闆林義雄一起下高雄，林義雄特別交代蕭裕珍及另一位同事田秋堇不要去，兩人在台北聽收音機、接聽現場來的電話了解狀況，後來「大人們」開會討論美麗島的後續，助理們只能在外面等，但當時緊張悲傷的氛圍，蕭裕珍到現在都記得很清楚。

另一個事件更是深深影響蕭裕珍決心走在政治路上，就是「林宅血案」。當時林義雄已被捕，事務所幾近停擺，蕭裕珍參與家屬的救援行動，與方素敏一起跟辯護律師張政雄整理相關資料。她仍記得，林宅血案發生前一天，因為資料整理到太晚，方素敏邀請蕭裕珍睡他們家，案發當天早上，林媽媽煮粥給大家當早餐，方素敏當時趕著出門，她則留在林義雄家裡，陪雙胞胎吃早餐，她們還彈琴給她聽。「當時是冬天，方素敏怕小朋友踢被子，把被子像圍兜兜一樣，綁在雙胞胎的脖子上，她們走路時都拖著被子，樣子好笑又可愛。」蕭裕珍這樣回憶著。

而當她離開林家沒多久，就聽到噩耗。她幾乎不敢相信，明明離開時一切都還好好的。後來蕭裕珍也去協助認屍，當時的她正懷有身孕，初為人母的蕭裕珍看到孩子被殘忍殺害，心痛悲憤的她，放棄了原本考律師、自己開設事務所的規劃。因為她知道此後，自己再也離不開這條路。

蕭裕珍的先生是謝明達，也是她民主運動中一起努力的夥伴，蕭裕珍會接觸到異議性社團台大論壇社，也是因為認識謝明達，兩人在大學畢業後自由戀愛結婚，謝明達曾任台北市議員、民進黨社發部主任。

而後蕭裕珍生產完回到職場，陸續擔任黨外政治人物的助理，有了上台助講的經驗之後，發現上台講話並沒有那麼困難，開始自己參政選舉的想法。在一九八六年參選國大代表，也因為參選國大，當民進黨創黨時，蕭裕珍正是以候選人的身分在台上授帶，當時創黨借場地的名義，可是黨外後援會推薦大會。

事實上擔任五二〇農運副總指揮也是一場意外，自己並沒有參與事前的規劃，也是看到活動訊息集合時間前往現場；到場之後，有人臨時缺席，蕭裕珍才臨危受命，上宣傳車擔任副總指揮。在這場當時社會運動中，可以說是打最凶、抓最多人的一場運動，蕭裕珍回想，參與和被抓的女性並不多，與當時民主運動的組成一樣。

蕭裕珍的角色，更近距離地觀察到當時的政治明星，讓我們知道更多大時代之下的故事。幫我們從歷史課本上看到的政治事件，補上了更多血肉。女性參與者在民主運動中更是少數，蕭裕珍有一個一起為台灣民主運動努力的丈夫，也不限制她的生涯規劃，讓蕭裕珍在台灣民主運動的角色，不只是被用「誰的太太」這樣的角色被記得。

## 二、找到群眾

不過，當這些基層組織者有做組織的想法、或是取得了行動的位置以後，他們必須面對的第一個問題：要用什麼方法，才能找到這些潛在的支持者？

### 選舉的重要性

以往民主運動研究，認為選舉「公職——選舉」及個人服務處的經營為黨外組織化的主軸。基層組織工作者也同意公職的基層經營相對而言較容易，戴振耀就說過：「我是說做草根（組織經營）不去搞一個公職，很難找人。台灣人先有一個公職，找人很好找。」

不過，這樣的認知，會讓我們忽視當時民主運動在非選舉時期，及沒有公職的情況下基層經營的狀況。也就是說，選舉只是眾多組織工作者開始組織的方式之一，不是全部。選舉也只是一個契機，並不是每位候選人都會繼續經營與組織基層。

選舉的重要性被放大的原因，取決於當時的組織方式是傳統的人際關係模式：直接與人面對面接觸。那是一個通訊技術尚未發達的年代，加上民主運動唯一的傳播媒介就是黨外雜誌，無法出現在主流通訊管道。「選舉假期」成為國民黨社會控制相對較弱的時期。

事實上，所謂「選舉假期」也就是民主運動支持者最容易被辨識的時期。當台上的人慷慨激昂的演講時，當時有一群人的目光是去尋找那些「熟面孔」，那些聽演講的，可能戴著帽子與口罩的支持者。演講結束就是他們去經營的開始。早期民主運動的「信眾」就是這樣一個一個被這些組織工作者找出來。范雲探究桃園黨外的發展時告訴我們選舉的重要性：選舉提供了直接參與的機會，從聽政見會到參與助選，都可能是結識同好、參與黨外陣營的一個主要管道。（范雲 1994:41）[2]

另外一種在選舉時能夠找到的支持者，是主動挺身而出，甚至能夠帶領一小群人的意見領袖，他們就會在選舉中扮演樁腳的角色。當時民主運動中的「樁腳」概念，跟國民黨樁腳不同的地方是，這些樁腳不是用金錢作為交易籌碼，而是用理念，在選舉中認同理念前來幫忙助選。這些意見領袖，表態的時候地方上已經略有耳聞，因此也不會害怕，選舉之後就變成基層組織工作者口中的「基層幹部」。

## 但選舉不是全部

選舉提供了讓支持群眾出現的舞台。但前面有提到，選舉不是全部，其實更重要的，反而是選舉之後，這些選舉中出現的支持者，如何不隨著選舉的結束而消失隱沒到社會中。

因此，本文又講述了另外兩個方式，它們其實跟選舉不衝突，在選舉中也能看到，但選舉後，它能繼續運作，才是支持者留下來的原因。我們將這兩種方式界定為「街頭演講」與「可以聚集的定點」。

從另一個角度來看，如果說「選舉」標示了國民黨社會控制較弱的「時間」，那「可以聚集的地點」則是標示出國民黨社會控制較弱的「空間」。這裡的意思並不是說這些空間可以免於國民黨威權體制的監視，而是聚集點中特殊的民主運動網絡，提供了一個使民主運動支持者展現他們後台（back stage）的空間，使他們能暫時脫離由國民黨所控制的社會秩序。

2 范雲（1994）〈民主進步黨地方黨部的組織與動員網絡的分析〉，國立台灣大學社會學研究所碩士論文。

Goffman 認為人在社會中會進入角色情境而配合演出，在國民黨一黨統治、進行全面性監控的威權社會，這些支持者即使對國民黨不滿，也不敢在前台（front stage）表現出來[3]，這將違反國民黨威權統治下共同的規範，使他們被貼上標籤，在日常生活中遭受極大的阻礙。

也就是說，這些支持者，在可以聚集的地點，找到了自己，讓他們知道，也有跟自己一樣想法理念的人存在。這些據點有些是選舉服務處改成，像一九八三年高俊明牧師的太太高李麗珍參與立委選舉，雖然落選，卻把服務處改成高李麗珍社會服務處，並聯合台南黨外各級民意代表，使服務處成為聯合服務中心。而雙和民主聯誼會，也是選舉服務處的地點成立的新組織。

有些甚至是這些地方頭人及基層組織工作者的家。像邱連輝、馮清春的家、黃耀明的便當店、戴振耀的「農民教室」，還有利錦祥[4]在台中的三民書局，也因為賣黨外雜誌而變成據點。這些據點，可以說是「民主燈塔」，洪志銘就說：「就像電燈泡，你一亮，大家就知道，就會過來。」

有了據點，鄉下地方大家都會口耳相傳，讓更多支持者與感興趣的人前來，也有些人是慕這些組織工作者的名而來，邀請組織者前往其他地方「開講」。

講到「開講」，演講的力道一直在民主運動中扮演重要角色，陳水扁當年會改從商科念法律，也是因為聽了黃信介的演講。這樣的街頭演講最多出現在選舉的時候，由候選人所舉辦的演講會或政見發表會。這些基層組織者們會觀察每場都來的人，前往攀談。而演講時需要的人力，也使支持者們有辦法用具體行動參與民主運動。像是鐘朝雄擔任公政會義工隊隊長，就是拜託大家來協助這些活動。

除了政治菁英外，基層組織工作者也會自己在地方上的人口聚集處開講，藉此吸引人潮，找到群眾。

3 Goffman, Erving (2012)《日常生活中的自我表演》徐江敏等譯。台北：桂冠。

4 三民書局老闆，年輕開始參與民主運動，至現在為止都是民進黨中部選舉的操盤手，擔任民進黨派系新潮流的總幹事，至今已經十八年。三民書局在二〇一九年熄燈。

馮清春告訴我們前民進黨議員李世忠的故事：「李世忠在萬丹，那也有一票人，他也常跑到屏東公園，找那些老人聊，結果他因為那些老人他就當選了議員。很多老人在那裡啊，他就麥克風拿了就講，他們就覺得他講得不錯，常常來聽，他有時候覺得需要講比較深的東西，就找我們去幫他助講，結果他的選舉不用買票他就當選了。」

而戴振耀則是散布在高雄各地開講，無法像李世忠有這樣長期接觸的機會，所以他用的策略是請聽眾留名字與住址，之後找時間拜訪這些人，建立聯繫。

運用演講的方式所找到的支持者，也會有像是選舉中提到的樁腳一樣的意見領袖，在與基層經營者互動加深之後，也會帶著村莊內志同道合的人，用其他的方式參加民主運動。像是戴振耀就會再舉辦較大型的演講會，讓各地的支持者參加與協助舉辦，也能找尋到更多的群眾。

我們可以發現，組織者找人時，最想找到這些屬於地方上「意見領袖」型的人物。只要找到地方上「意見領袖」，就能因為他的社會關係，再找到一群人來參與。而另一個原因，也是因為「意見領袖」比較容易被找到，他們在地方上已經有一點曝光，只要去打聽，就會找到這群人。

不過，也不是問了就能夠問得到，通常組織工作者必須在地方上有一定的知名度，大家知道他在參與民主運動，才會告訴這些組織者「意見領袖」的消息。

## 黨外雜誌不只傳播理念，還能做組織

在媒體受黨國控制的年代，黨外雜誌一直是傳達民主理念的重要工具。一九七五年《台灣政論》出刊，被認為是第一本黨外雜誌。從一九七五年到一九八五年這十年間，共出版了一千多期黨外雜誌（歐陽聖恩 1986:21）[5]。八〇年代更是黨外雜誌蓬勃發展，一九八一年就有十本黨外雜誌陸續發行。

黨外雜誌的發行，包澹寧（Daniel K. Berman,1985）認為有發展組織與反對黨的功能，也因此當時美麗島雜誌的發行與分社設立，才使國民黨政府如此緊張。不過這樣的組織功能，還多是屬於知識份子層級，雜誌出版社內部所產生的組織整合，像是許多黨外新生代皆是從在黨外雜誌社工作開始進入民主運動。

5　歐陽聖恩(1986)，〈無黨籍人士所辦政論雜誌在我國政治環境中角色功能之研究〉。中國文化大學政治學研究所碩士論文。

而黨外雜誌與一般群眾的關係，包澹寧認為，這種反對派報刊能提供共識，聯合志同道合的政治異議者，鞏固及擴大支持者。他引用一個心理學的概念——認同性確證（consensual validation）說明。認同性確證指的是「運用他人的思想來確認自己的思想」。因此，民主運動支持者在出版物上看到自己私下、被禁止的思想時，會覺得受到激勵，這使他們知道自己不是孤單的、不是怪人，社會上有著一群與自己一樣想法的同溫層。不過這些群眾回應支持民主運動方式，多是用選票回應[6]，也就是在選舉時將選票投給非國民黨的候選人。

不過，有些組織者則將這群雜誌讀者視為組織目標。戴振耀就是以經銷雜誌為其中一種找尋支持者的方法，對象是讀者以及願意販賣黨外雜誌的經銷商。

這些讀者基本上已經認同民主運動的一些理念，透過黨外雜誌的閱讀及與這些販賣雜誌的組織者接觸，使他們有更加深入參與民主運動的機會。

這些被找到的讀者已有初步的民主認同理念，這與以往的研究發現沒有太大的相異之處。

像是馮建三（1983）就認為黨外雜誌可以生存的原因是，台灣社會有一部分人，對政治訊息有較高興趣，主流的報紙等大眾傳播媒介不能滿足他們的需求，使他們主動去尋找能夠代表或符合他們意見的訊息[7]。不過，不一定開始接觸的人都是有意識去找尋能滿足他們想法的言論。其實，黨外雜誌本身就有政治啟蒙的功能，像是戴振耀及黃財旺的政治啟蒙，就是源自於青少年時代在回收攤撿到的黨外政治刊物，對黨外候選人及理念有初步的認識。

而這樣的經驗，也會成為組織者的策略。馮清春就影印黨外雜誌文章，到屏東鄉村間發放。這也是他們反思自己的經驗，會了解民主運動的理念很大一部分是因為有機會接觸黨外雜誌，因此用這種方式，主動散播黨外雜誌給群眾。

6 Daniel K. Berman (1995)《筆桿裡出民主》。台北：時報文化。
7 馮建三(1983)〈政論雜誌讀者型態的比較分析〉。國立政治大學新聞研究所碩士論文。

## 小傳 黃耀明

◆ 黃耀明／廖建華攝影

生於屏東潮州的黃耀明，目前仍在潮州與太太一起經營便當店，這家便當店也是屏東著名的民主聖地，一走進店裡，就可以看到「真情的台灣人」的大匾額掛在店內。在民進黨創黨初期，為了使更多人知道民進黨，黃耀明夫婦甚至把店內的便當盒放上民進黨黨旗，寫著「愛我台灣」，店內的塑膠袋上，更直接寫著「總統直選」，宣傳民主理念。

黃耀明除了餐飲生意，也曾兼職《民眾日報》的記者，民眾日報總社在高雄，曾經是南台灣三大報，不避諱政治敏感議題，敢於衝撞戒嚴體制，反映輿情批評時政，頗獲基層民眾肯定讚譽，更曾竄起為當時台灣的第三大報。

◆ 施明德到潮州鎮黨部／黃耀明攝影

◆ 黃耀明／黃耀明提供

儘管《民眾日報》的立場如此不畏懼體制，美麗島事件發生時，卻是由黃耀明這位主跑屏東的記者前往，寫了專欄，為什麼呢?黃耀明告訴我：「當時報社打來，下午叫我去，說高雄的記者去採訪都被打壓，我在屏東，他們比較陌生。」這樣的因緣際會，也使黃耀明在第一線，為美麗島事件留下真實的紀錄。

而黃耀明行動的契機，是認識了麟洛鄉的客家大老邱連輝。原本也屬於地方派系政治頭人的邱連輝，擔任第五屆省議員時，批評國民黨省黨部監察委員選舉賄選，獲得許信良的聲援，因此被國民黨排斥，當時有「北許南邱」之說。而後也與許信良一樣脫黨參選，成為屏東縣第一位非國民黨籍的客家人縣長，也是民進黨屏東重要元老，創立屏東縣黨部。

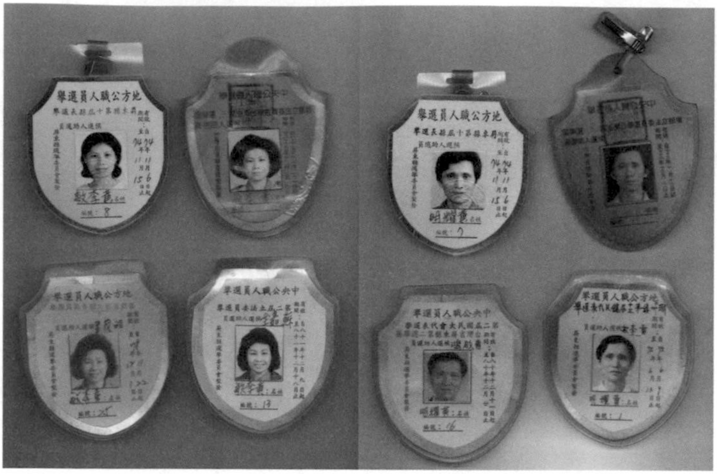

◆ 黃耀明與太太黃李敏的助選證／黃耀明提供

一九八五年邱連輝競選屏東縣長連任失敗，使黃耀明對民主運動產生另一種想法：開始做組織經營群眾。邱連輝當時的問政認真犀利有目共睹，但相較於國民黨，他沒有派系也沒有支持系統，黃耀明說：「我那時候覺得很不甘心，所以成立黨外後援會。是我跟他（邱連輝）提起的，說來提名一些鄉鎮縣議員、鎮長，來培養基層。還是要培養基層，那時候靠演講的空氣票，靠賭爛票，那時候黨外選舉都靠這個（空氣票、賭爛票），票在哪裡不知道。」

一九八六年的縣市議員與鄉鎮市長選舉，屏東成立了黨外後援會，希望被推薦的參選者要主動向後援會登記，而後援會則舉辦政見發表會評鑑這些參選人的政見跟理念，並進行協調，才產生出推薦的候選人。後援會除了幫這些基層選舉的候選人聯合競選、宣傳、助講之外，邱連輝用他選縣長的結餘款，具體協助這些民主種子。黃耀明告訴我們：「一個候選人補助他兩萬，都真心拿到他們家去給他。」儼然是政黨運作的雛形。這樣的聯合助選，也被視為黨外基層化的重要一步。（林明炎，1986）[8]

除了後援會，黃耀明也趁著演講及政見會的時候，觀察幾乎每場都到的人，上前搭訕。在鄉下地方，也很容易打聽到對方是誰。黃耀明就告訴我們，當時的公務人員其實也會出現，表達自己的理念：「我找得到都是像後來才入黨的老師，都是我們在台上演講，他們在台下聽，都戴口罩、戴帽子，我們會認得，這〇〇國中的某某老師啊，就去找他。」

不管最後選舉結果如何，這些參與後援會的基層參選人與他們的競選團隊，也因為這樣浮出檯面，成為組織動員的人脈。「要經營人脈最快就是選舉，可以很快經營出龐大的人脈，就是利用邱連輝那些一起選過縣議員、縣長，從那裡開始找，（民進黨創立時）才會有一〇一個（黨員）。」

8 林明炎(1986)〈黨外聯合參選踏出成功一步〉。《政治家雜誌》第一三九期。

也因此，黃耀明其實一直對反對公職很不以為然，他說：「如果沒有邱連輝的底，屏東黨外公政會也找不到人。」當時黨外公政會屏東分會這邊的組織，主要就是由黃耀明負責。編聯會系統在屏東則是屏東人權會，也讓民進黨屏東縣黨部能在民進黨創黨不久就有辦法成立，更是民進黨第二個成立的地方黨部。

## 民主聖地的重要性

說黃耀明家裡的便當店是民主聖地，是因為這裡曾經是民主運動的聚集地。在行動通訊不發達的當時，聚集地是很重要的，就跟我們現在的網路社團或 LINE 群組一樣，大家知道在這裡可以遇到志同道合的人；而在當時，這些民主運動的參與者更需要這樣的團體支持，或是說，這樣的團體可以使他們把想法轉化為具體行動。

這些邱連輝輔選時匯聚的群眾，除了黃耀明的便當店，也會聚集在麟洛邱連輝家中，民進黨屏東縣黨部最初設立的地點也是這裡。黃耀明就說：「他們晚上就會去邱連輝那裡坐，大家有一個革命的感情，後來都變成朋友。」

黃耀明會在這些地方與大家聊天，相較之下，他有看過黨外雜誌，能提供給大家比較多的資訊，雖然黃耀明為閩南人，但因為國中在客庄念書的經驗，使他在經營以客家人為主的邱連輝支持者時，有辦法用客語與大家溝通。

## 不只民主聖地，還是民主家庭

◆ 黃李敏／黃耀明攝影

黃耀明的太太黃李敏，婚前是金馬小姐[9]，她是黃耀明一路走來重要的夥伴，家中的便當店，即是由太太掌廚。黃耀明說：「我太太的個性也很硬，夫婦要互相挺才有用，太太如果沒有支持也沒用。那時候我整天都到處走，都她和請的員工在顧店（當時是牛排店）後來我就改成不用洗碗的，因為生意太好，請洗碗的都請不住，都做幾天就走了，

9　一九五九年，當時仍有公路客運業務的台灣省公路局推出金馬號，並招募二十位女性隨車服務員「金馬小姐」。金馬小姐當時月薪為新台幣六百元，是教師薪水兩倍，地位類似於現在的空姐。

◆ 黃李敏／黃耀明提供

◆ 黃李敏／黃耀明提供

就我太太自己去洗，洗到沒辦法，就改賣不用洗碗的，改成賣便當。」

黃李敏不只是支持先生的理念，甚至也參與行動不落人後，她是黨外公政會屏東分會的監事，也擔任麥克風手、並在民進黨成立後組織婦女會與國民黨婦女組織抗衡，是民主運動中少數可見的勇敢女性身影。黃李敏回憶，在演講場合，都會特別點名現場的女性起立，請大家給她們掌聲，還逗趣地說請她們把先生一起帶來。這樣的夫妻生活方式，是這些民主前輩中最能成功平衡追求民主與兼顧家庭的模式。

## 恐嚇中度日・夜半驚魂

而組織化在當時的時空環境是一件危險又困難的事，他們日常生活所面對的壓力，更是我們現在難以想像的。黃耀明回憶他當時被監控的生活：「我那時候被調查局監控，做黨外（公政會）秘書長，把我監控到後來才知道那個調查局的第一處，我的資料可能跟這個桌子一樣高。那都是無聊的資料耶，我哪天跟誰誰誰吃飯這樣，像你們今天來（拜訪），他就紀錄了，因為我的對面他用五千塊買收他，叫他有什麼車號碼就要抄，有什麼人何時幾個人來我這，我的店開門開始就警總的、偵調組的、調查局的，保防的警察，這四個單位，最少都有一個單位的人來看，到我關門。」不只監控，還有恐嚇。黃耀明繼續告訴我們：「晚上電話響拿起來，幹你娘、賽你娘，拿起來就一直罵，要在我車上裝炸彈，我們夫妻的腳都要剁斷，每天都那種電話，還有明信片，都左營的，那時候我們都知道左營營區，罵我賣國賊，叛國賊，一堆。就這樣過日子。」

但是面對這樣的威脅與逼迫、生活上及人際上的干擾，有些人可能就此放棄，黃耀明卻不曾想過退縮，甚至更加堅持，他將此歸咎於自己的個性。當時我問他：「是什麼讓你那麼堅持？理念是什麼？」黃耀明說：「我很氣，因為我有一個個性就是，你越寫信電話給我恐嚇，用情治人員來逼我，讓我沒生意，那些公教人員都不敢來跟我交際，我就越生氣，好生氣。」這股氣，讓黃耀明決心與威權政府拚到底！當然，能夠讓他用堅強性格支撐的，還有家人與常在家中出入的民主運動支持者所提供的社會支持。

儘管組織化在當時的時空環境之下既危險又困難，但不管是黃耀明等等的組織者，都從民主運動的挫敗中知道，這是一定要做的事。黃耀明說，他跟太太去參加創立大會前，已經把小孩都交給親戚安頓好，做好可能無法回家的準備。他們都是抱著這樣的心情，走在台灣民主前進的路上。

◆ 黃耀明／廖建華攝影

## 小傳　馮清春

◆馮清春／黃耀明提供

出生於屏東縣麟洛村客庄的馮清春，大家多稱他為馮老師，已於二〇一七年離開人世。他是台灣農民運動與客家運動的重要先驅，當然也是屏東民主運動重要的參與者。在過世之前，馮清春與家人仍住在麟洛鄉。

屏師畢業的馮清春，原本只是一位國小老師。當時許多公教人員，知道自己是領政府的薪水，在參與民主運動時總是特別低調與謹慎，大多不敢表明身分，儘管鼓起勇氣參與相關活動，也都戴口罩出現。這是可以理解的，誰叫他們的生計掌握在反抗對象的手上呢？但馮老師不一樣，使他實際行動的原因，也是因為見證到美麗島事件。

美麗島事件當時，馮清春原本只是在七賢路一間補習班上課，本來知道當天有集會的他，卻看到一台台鎮暴車開過，心裡想一定有問題，一下課就趕到現場，經歷了美麗島事件。隔年，他的師專同學，也是屏東潮州鎮第一位獲得大學教授證書，因反對蔣公銅像被解聘的潘

◆ 馮清春（右二）與黃耀明（右四）／黃耀明提供

立夫，決定出來選國大代表，馮老師放下教職，前往幫忙選舉，擔任總幹事。開始與民主運動的不解之緣。

馮清春家中，也是麟洛鄉一個民主運動支持者的聚集地，他說：「那個時候主要會傳播的一個是黃耀明，他開那個山水餐廳，每天晚上一大堆人在那裡，他們就出去了會傳，然後就找我們去，那麟洛這邊是我這邊比較多。」

## 發送「民主傳單」

與黃耀明一樣，在屏東鄉下，他們是屬於教育程度比較高的參與者，也因此擔負起組織者的工作，因為他們有較好的論述能力能宣傳運動理念。特別的是，馮清春跟另一個夥伴李世忠，為了能讓更多人看到黨外雜誌，會影印雜誌中的文章，到鄉里間去發。當時的黨外雜誌，知道門路的人才有辦法買到，整個屏東縣，只有屏東市一家書局買得到。他們認為這種狀況，裡面的理念根本不可能傳播出去，因此自己出錢出力，在鄉間小巷中，發送這些「民主」傳單。

為什麼這樣做呢？馮清春說：「鄉下很閉塞，很少人知道，報紙它也不會登這個。我們會有機會看到黨外雜誌嘛，會覺得這文章很好，值得我們看，我們想要這麼做（來傳播理念）。」

◆（左起）馮清春、黃耀明／黃耀明提供

他們一路從黨外雜誌發到民進黨剛創立時發行的《民進報》，每個月發一次，一次兩千份，也常在路上跟外省人、軍人起爭執。但馮清春說：「不入虎穴，焉得虎子。」他們甚至跑到內埔的龍泉，退伍軍人最多的地方發這些「民主」傳單。許多拿到傳單的人，都是第一次看到這些文章跟論述角度，所以大家會覺得很有趣，在當時的報紙上都看不到這樣的說法，拿到的人看完之後，也會再拿給其他人看。

## 民主運動與農民運動

民主運動的參與也成為馮老師深入農民運動的基礎，一九八七年十二月底在報紙上看到林豐喜帶著農民到台北抗議，讓馮清春非常震撼。家中務農的他早發現農民所受的剝削及不平等待遇，知識份子的口才加上先前參與運動的人脈及聲望，在隔年三月農民再次北上抗爭，馮清春已經帶了四台遊覽車的農民站出來，為自己的權利上街頭。

馮清春告訴我，他在組訓農民時，並沒有特別說什麼，通常都是到一個地方，可能是某一戶人家門前的稻埕，開了頭，大家就會開始訴說自己的經驗。「我們講得少，他們反而講得多。」內容從產銷管道到農民生活所遭遇的不公，因為這是所有農民共同的生活經驗，馮清春只是一支火把，點燃屏東農民不滿的火種，那是社會運動風起雲湧的時代，每一個運動都代表長期不公平的壓抑及憤怒。所以能輕易在幾個月時間，號召農民上街頭。

## 三、是什麼理念使大家從集結到行動

洪志銘：要推翻國民黨，這個是優先，但是要推翻國民黨不是一夜可成嘛，應該要有長遠的計畫、設計、行動、執行。

這些基層組織者對民主運動的目的與對組織的想像，將會決定組訓的方式與組織樣貌。雖然組織者們從自身的經驗體會到民主運動中組織的重要性，但他們的目標、謀略觀可能不一致。就像引言中洪志銘說，理念上大家的終極目標是要打倒國民黨的威權政權，不過，用什麼方式打倒，組織者們之間也有不同的想法。也就是組織者們希望達到的初步目的不同。

像黃耀明，他認為黨外組織化的目的就是為了組黨，運用政黨力量對抗國民黨，因此當時的組織工作，都是為了找尋黨外公政會屏東分會的會員與後來組黨後的民進黨黨員；則馮清春的目的主要是針對鄉村與農民，反抗國民黨的不平等待遇。因此除了參與黨外公政會屏東分會與民進黨的籌組，一九八七年馮清春也受到山城事件啟發，轉而投入農民運動。

而戴振耀的目的是希望建立堅定的反抗理念，追求台灣獨立建國及民主化，自身又是一位農民，知道農民權益的重要；因此組織對象放在農民，舉辦農民教室培訓這兩種理念。另外還有一位台南的前輩黃昭凱，則是希望建立堅強的反抗國民黨信念，因此不再參與原本台南市的傳統黨外公職，而是加入新潮流，在高李麗珍服務處進行組訓工作。洪志銘則相信群眾運動的力量，因此舉辦民主論壇，找到願意參與的群眾，並培養他們對於民主理念的認識，洪志銘說：「我辦（民主論壇）這個目的，兩個。就是說讓民眾比較了解演講者所講的內容。第二個是做社會教育，基本上我們設立的初衷是在這裡。因為那時候沒有什麼針對這一塊的東西，然後我再尋找一些人才，來做組訓的工作。」

因此，組織者們的目的決定了他們的行動與採取的策略。王甫昌（1996）的研究告訴我們，一九八〇年代末黨外政治菁英運用「共識動員」成功吸引群眾，獲得選票[10]。這裡的共識指的是在群眾運動的「台灣意識」訴求，成為有效的動員模式。

不過，除了台灣民族主義，又是什麼使群眾感同身受，開始參與民主運動？在「找到群眾」的那一章節，我們可以發現，組織者們會在聚集點與群眾聊天，而聊天的內容，也就決定這些來訪的群眾是否願意繼續且更深入地參與民主運動。那他們都聊什麼呢？

最主要的內容是政治時事的角度切入，與大家分享看法，而組織者自己必須有觀點，才有辦法跟大家討論，甚至吸引人前來。而黨外雜誌在其中就扮演很重要的角色，這也是黃耀明與在山水便當聚會的群眾及洪志銘民主論壇討論的內容。洪志銘說：「平常，他們會來，我就會抓，比方說深耕雜誌今天討論什麼東西啊，把那個資訊拿出來，分享的過程裡面，會有人說前進雜誌又登什麼東西啦，就比較會有交集的主題在討論。」

彭琳淞（2004）認為，「辦雜誌」是除了「選舉」外，台灣民主運動另一個發展出口，這兩者是國民黨戒嚴法令架構的威權體制中唯二的縫隙。一九八〇年代後，黨外雜誌進入戰國時代，走向商業化的趨勢，卻也使黨外雜誌大眾化，拉近黨外與支持者的距離；黨外雜誌對話的對象，也從政府轉變成人民[11]。這些黨外雜誌，就成為組織者們宣揚理念的最好工具。

組織者除了與支持者聊天時傳達黨外雜誌內容，也直接宣傳黨外雜誌或黨外書籍，除了像前面所敘述的雜誌經銷，也會在服務處定點販賣，並想辦法讓支持者真的去讀這些書籍。堅持用賣的，不直接在服務處給前來的支持者看，就是一個方法。像是洪志銘，他就認為用買的，大家才會認真看，因此不在服務處放免費的黨外雜誌。

此外，組織者也會找機會讓大家能一起討論內容、分享看法。除了聊天，洪志銘也會選擇一些銷售量不錯的書籍，舉辦讀書會，目的是加深大家的印象。

10 王甫昌（1996）〈台灣反對運動的共識動員：一九七九～一九八九年兩次挑戰高峰的比較〉。《台灣政治學刊》，第一期，頁 129 — 210。

11 彭琳淞（2004）〈黨外雜誌與台灣民主運動〉。《二十世紀台灣民主發展：第七屆中華民國史專題論文集》，頁 693 — 782。台北：國史館。

洪志銘說：「有形成一個讀書會，小型的。這本書五個人買，好，你們看完了，我們五個人大家來討論，就心得分享。有的很認真看、有的是走馬看花地看，但是加深印象就是彼此互相分享，重點怎麼抓。我告訴他們，看書的一些重點，這個效應的哪裡？像他談論這些問題的效應在什麼地方？就是說起來也是隨便說說這樣。」

這樣的讀書會儘管並不嚴謹，但是對於組織工作來說，卻有很大效益。在《英國工人階級的形成》裡也提及這樣的精神影響。當時的「工人教育協會」，在星期天晚上訂閱書籍，開派對閱讀，談話與討論，教導大家把時間花在閱讀並自我提升。(E.P. Thompson1953:206)[12]

當時的黨外雜誌路線眾多，像是康寧祥所辦的《八十年代》被視為溫和派，而《美麗島》到後來的《深耕》、《新潮流》，則被視為激進的群眾路線。但組織者們並不受政治菁英這樣的路線影響，選擇只看特定的雜誌。他們多是從各雜誌中，找到符合自身理念的文章。

除了書籍，錄影技術的出現與拍攝成本降低，也使錄影帶成為組織者們與支持者尋找聊天內容的另一項工具，這些錄影帶的內容主要是抗爭的畫面及政治明星演講會的內容。

不管是黨外雜誌、書籍或是錄影帶，都是幫助戒嚴時期的民主運動或是民進黨成立初期宣傳民主理念的重要工具，與主流的大眾傳播媒體對抗。洪志銘回憶：「那時候因為有很多人沒有看過這種畫面啦，跟警察衝撞，那個畫面沒有啊，啊報章雜誌以前在戒嚴時期，都沒有報啊，大家不曉得說我們現在在談民主進步，進步到什麼程度都不知道。所以有一些影像，影音的東西給他，就很好奇。服務處都會播，他們都來看，看了就會買。」

也就是說，這些基層組織者，主要是用黨外雜誌、書籍與政治菁英的演講錄影帶，將這些民主運動既有的論述，傳達給新加入的支持者。而這些論述的生產者，雖仍是以政治菁英為主，不過，組織者不是完全的理念接收者，他們也會產生自己的論述，黨外雜誌中也會有他們的文章。像黃耀明在從事政治工作前，是一位記者，本來就有文字論述的能力，後來也會投稿文章到黨外雜誌。

而且，在傳達這些理念的過程中，組織者與政治菁英相比，有更多的親近性，這些組織者也不只是僅僅轉述看到的黨外雜誌內容，他們會做更深層分析，用更貼近一般百姓的語言講述這些觀念，我將它稱為「民主轉譯」。

12 Thompson,E.P. (1963)，《英國工人階級的形成》，賈士蔚譯。台北：麥田。

## 民主轉譯：菁英與庶民的理念差異及連結

這些基層組織者用更生活性的語言、更親近的身分，進行這樣的「轉譯」，使政治菁英所寫、充滿論述的黨外雜誌，與一般支持者的生活產生連結，把國民黨一黨專政的威權政府，與百姓日常遭遇的不公不義連起來。打倒國民黨成為這些支持者的認知，也就是政治菁英口中的民主、自由與人權。

像是住民自決就是一個例子。黃耀明就告訴我們：「那時候的訴求是住民自決，住民自決的意思和台獨差不多，那時候國民黨要把它打倒，台灣人當家作主。」

「住民自決」在一九八三年增額立委的選舉中，成為黨外「中央選舉後援會」十條共同政見的第一條。這項被稱為「住民自決」的主張，可說是結合「民主化」及「本土化」訴求的修正版本。一九八五年的選舉，住民自決仍被「黨外中央選舉後援會」列為首要政見。可說是台灣反對運動「本土化」政治訴求的階段性代表（王甫昌 1996:171）。

王甫昌所說「本土化」的政治訴求，正是這些基層組織者傳達給支持者的重要理念。馮清春說：「第一個我就說他們（國民黨）是外來政權，跟台灣無關。這個國民黨成立的時候是滿清的國土成立的，不是在我們台灣的國土。那經過日本的統治，那我們的祖先選擇沒有回去留在這，他現在忽然間戰後過來接收，變成他在這統治我們。他們是外來的不是本地的，結果外來的他們掌權，一切資源在他們手上，我們一切都要聽他們的。你們覺得這樣對不對？這是我們的土地耶！這樣講他們聽得懂，平常他們沒有去分析這些問題，講了以後他們懂了。」

馮清春講述的內容，其實和政治菁英在演講會上講的沒有太大區別，強調國民黨是外來政權，但是他們將內容簡化，目標是大家都能聽得懂。

## 接地氣，找到大家追求民主自由的理由

除了民主運動既有論述的宣揚，組織者也會從大家的日常生活出發，像是馮清春知道與他聊天的支持者多是農民，所以會在談話的過程中強調農民的身分，把大家感同身受的不公平待遇與國民黨統治連結起來，這些日常生活中所遭遇的不公義，更符合這些組織者與一般群眾的生活經驗，更能使大家產生共鳴，產生有別於政治菁英的論述。馮清春就舉例：「我

就說那我們農家子弟，沒有錢，如果買票永遠出不了頭，一定是他們（國民黨）出頭。

來自生活經驗產生的論述是基層反對運動圈的一個特點，他們發展出與政治菁英不同的論述，來使支持者產生共鳴。相較於政治菁英的宏觀視角，他們更注意到日常生活的不公義與自身的權利。戴振耀就告訴我們農民權益與自由民主一樣重要：「當然追求自由民主是我們的理想，但農民的權利也要用，藉著維護農民的權益，去兼做追求台灣獨立建國還是民主化。」

像是楊根龍，談到自己民主運動的理念，他認為自己的理念在一九八〇年就已經產生，主要是台灣獨立、人民平等、言論自由。而他台獨理念的形成，是因為當時中國有六、七億人，他認為，如果統一後中國的工人過來，以打零工為主要生計的他，不就沒有工可以做了嗎？而且當時國民黨的教育，是告訴大家中國人都在吃樹皮啊，他們過來搶工作的可能性不是更高嗎？

這種論點，就與我們一般所聽到來自於政治菁英的支持台獨論述有很大不同，這是來自於他自身職業經驗所產生的想法；我們也可以發現，國民黨堅決反共的政治宣傳，到了基層卻不一定還能有原本希望達成的效果，反而成為像楊根龍這樣的一般民眾思索台灣獨立的理由。

## 在宜蘭，蔣渭水比不上國民黨作票翻盤的影響力

除了理念，這些一般群眾也擁有與政治菁英不同理解國民黨威權政權的方式。宜蘭是我們熟知的民主聖地，我們總是認為，宜蘭人對於民主理念的認同，是來自於蔣渭水的傳承。但其實，這只限於知識份子。

一位出身宜蘭民主家庭，也擔任過立委的前輩告訴我：對於宜蘭一般百姓來說，大家都知道的，其實是第一屆宜蘭市長選舉的時候，重新開票使國民黨候選人敗部復活的故事。宜蘭到現在都還會流傳，某個地段鋪路的時候，會挖到選票。從這樣的敘事，就可以知道這些故事在鄉野之間大家多麼津津樂道。後來這位國民黨當選人自己發大財，一句簡單的口號：「有錢人」與「窮人」，「國民黨」與「黨外」這樣的印象就此產生。

日治時期蔣渭水追求台灣民族自治的故事，一直是台灣民主化過程中一脈相承的傳統，但是這只停留在知識份子層級，一般百姓可能會有與政治菁英完全不同的共同記憶，但這卻成為他們認同民主與反對國民黨的原因。

這些出自於生活與地方的論述，才是能使基層參與者產生共鳴，參加民主運動的主要論述。民主的大敘事，來到了基層群眾這一層，其實是經過了轉譯與轉化的過程。民主到底是什麼，對這些人來說並非是最重要。最重要的是，他們生活上的種種不公不義要與所處的時代產生一個有意義的連結，此連結才是他們反對國民黨威權統治的最主要原因。

這樣將理念以日常生活體驗所產生關聯的方式作為號召的力量，在湯普森（E.P. Thompson, 1963）《英國工人階級的形成》中也曾提及：

> 這是潘恩最強的地方。《人權論》的第一部非常成功，但第二部的成功更驚人。在第二部裡面——他有效地由輝格派「共和人」所代表的傳統，以及由雪菲爾刀剪匠、諾威治織工和倫敦工匠所體現的激進主義之間搭起了橋樑。藉由這些提議，國會改革開始與他們的日常生活中所體驗到的經濟困苦產生關聯。（E.P. Thompson 1963:119）

其中不同的是，《人權論》是由知識份子潘恩（Thomas Paine）所寫成的著作，它的傳播方式是文字，卻造成前所未有的成功，雪菲爾的每一位刀剪匠都有一本。這些基層組織者的傳播方式是以口語為主，也因此有地域性的限制。這也影響到這些組織的規模。另一方面，作為民主運動主要論述的黨外雜誌，並無法完全做到這樣日常生活的連結，而是由組織者填補這樣的空缺。

組織工作者相較於政治菁英，能更近距離與支持者們互動與討論這些內容，使他們理念更加堅定，也更確切知道支持者了解與支持這些理念。

沒有組織者努力進行這樣的連結，無法使民主、自由與人權的理念，與一般群眾所遭遇生活的不公不義經驗，及國民黨政權的專政產生連結。進而使市井小民對民主運動產生共鳴，加入支持民主運動的行列。

## 政治菁英的重要性除了論述，還有名氣

但政治菁英對於支持者而言，還是很有吸引力，因此請政治菁英前來演講，讓民眾直接與政治菁英近距離接觸，也是吸引支持者前來的策略。洪志銘說：「大家熟悉的人，才有誘因。他們，噢！這個我認識，才會來聽。」

洪志銘在雙和服務處一週會舉辦兩場這種講座，就是所謂的民主論壇，由他來安排演講的主題與邀請講者。在服務處門口貼海報及錄音帶廣播宣傳，也會將節目表寄送會員，會員再引伴來聽。在鄉下的戴振耀則是直接打電話給地方的「意見領袖」，請他們帶人來上課。

戴振耀：譬如說我這禮拜要找姚嘉文來講，講群眾運動，我就打電話給各鄉鎮跟那些頭人講，來我的芭樂園，就帶過來，找了四五十個，晚上隨便吃點東西，椅子排一排，我這裡椅子那麼多都是上課用的，電燈點一點就上課了，就一群人了。

與演講會不同的是，前來聽講的群眾可以和政治明星有直接互動的機會，使群眾能更了解政治菁英想要傳達的理念。洪志銘說就告訴我們：「這個（講者）有吸引力，要來會有一票人來聽。他們演講也不是講完就算了，下面可以提問，都有互動，留半小時做互動，所以那時候（聽眾）大部分都有成長，在基礎論述，都有成長。」

而演講的主題，組織者在安排的時候，也會詢問大家的意見。像是洪志銘就分享，排節目表的時候，他會詢問大家想聽什麼議題及想要聽誰來講。洪志銘說：「我如果覺得勞工議題滿嚴重，好，我就找勞支會幾個人，如果他們喜歡，啊，那個謝長廷講很好聽，江鵬堅講好好，就請他們，題目自己訂，訂好早點告訴我，我就標出來。」

由節目表可以看出，演講的主題有形塑台灣民族主義的「什麼是台灣人？」、「看清國民黨的統治伎倆」，還有探討整體民主運動，這些平時組織者與群眾聊天時的重要話題，再藉由安排政治明星前來演講，加深大家的印象。

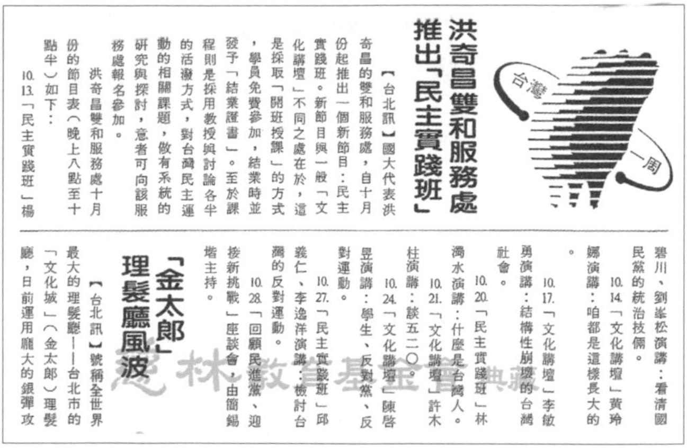


**洪奇昌雙和服務處推出「民主實踐班」**

【台北訊】國大代表洪奇昌的雙和服務處，自十月份起推出一個新節目：民主實踐班。新節目與一般「文化講壇」不同之處在於，這是採取「開班授課」的方式，學員免費參加，結業時並發予「結業證書」。至於課程則是採用教授與討論各半的活潑方式，對台灣民主運動的相關課題，做有系統的研究與探討，意者可向該服務處報名參加。

洪奇昌雙和服務處十月份的節目表（晚上八點至十點半）如下：

10.13.「民主實踐班」楊碧川、劉峯松演講：看清國民黨的統治技倆。

10.14.「文化講壇」黃玲娜演講：咱都是這樣長大的。

10.17.「文化講壇」李敏勇演講：結構性崩壞的台灣社會。

10.20.「民主實踐班」林濁水演講：什麼是台灣人。

10.21.「文化講壇」許木柱演講：談五二〇。

10.24.「文化講壇」陳啓昱演講：學生、反對黨、反對運動。

10.27.「民主實踐班」邱義仁、李逸洋演講：檢討台灣的反對運動。

10.28.「回顧民進黨、迎接新挑戰」座談會，由簡錫堦主持。

**「金太郎」理髮廳風波**

【台北訊】號稱全世界最大的理髮廳——台北市的「文化城」（金太郎）理髮廳，日前運用龐大的銀彈攻



◆ 洪奇昌雙和服務處節目表13／慈林基金會社運資料庫提供

除了台灣意識或是民主運動，組織者也會安排關於公平正義的主題。從節目表上面其中一個節目：「結構性崩壞的台灣社會。」可以看出一些端倪。公平正義與民主運動，多是組織者邀請政治菁英演講時，最

13 於黨外雜誌中所記載的名稱是「民主實踐班」，也就是洪志銘所述的「民主論壇」，名稱不同應為記憶上的錯誤。

希望他們多著墨的主題，他們甚至會要求政治菁英修改演講方向。這呼應了基層反對運動圈對日常生活的不公義與自身權利的關心，因此對政治菁英的演講內容做出修正。使主題更貼近一般支持者的關注議題。也反映了大多數支持者的階級。

**洪志銘：因為local的群眾基本上是中下的比較多，你跟他的語言，公平機會競爭是可以達到的，這個好講，所以會刻意去安排，像我們會邀請謝長廷來演講之類的，會大概跟他協商一下，你在說的時候，這邊多琢磨一點。**

不過，其實這種請政治菁英前來演講的方式，到一九八〇年代中期，組織者與政治菁英開始出現較強的聯繫之後，才開始出現。

## 聽沒有用，做才重要

這些支持者們，後來大都成為民主運動的一份子，他們的身影出現在演講場的工作人員、民主運動的街頭、選舉時支持反對國民黨參選人的選票。其中分成兩種層次，一種是嚴密的組織及訓練過程，在前述所看到的讀書會、政治菁英演講場都屬於這樣的範疇。

組訓是一段嚴密且有紀律的過程。戴振耀說：「這要分三個階段，第一階段是去招募你的成員，第二階段是從你的成員裡面找到可以當幹部的，做幹部的就開始會叫來上課，上課看看覺得這可以當領導級的，要分這個組織做三份。」

也就是說，組訓對這些組織者來說，已經進入下一個階段，從聊天與邀請政治菁英前來的演講中，再從留下來的人裡找到「可以用的人」篩選，讓這些人進而成為自己的幹部群。而如何從中挑選哪些人適合成為幹部？洪志銘說：「有這些人以後，就開始做一些組訓，從裡面去發掘，有的人在分享的時候會問來問去的啦、他的意識形態不錯的啦、他過去表現不錯的啦，湊來訓練當幹部。」

組訓對於這些組織者來說，是一種更加強化理念的方式，讓這些支持者不只是了解他們的理念，而是要贊同且一致，有共同的目標。因此，一般的聊天已經無法滿足這樣的要求，而必須要使用更正式的方式：上課。像是戴振耀的農民教室。

雖然組訓能使組織的共同理念更清晰，也更有凝聚性。不過，在當時，從事組訓的組織者並非多數，這與民主運動一直以來的選舉主軸有關，以選舉為主要走向的情況下，許多組織者做組織是以輔助選舉為主，選舉使大家短時間內有明確的目標，也就是使候選人當選，因此不需要靠理念與凝聚力來維繫組織的運作。另一種在民主運動中更常見的行動模式，是活動時的動員，參與活動本身就是培養大家感情的方式，比較屬於「人際與社會網絡的動員」，洪志銘把這種方式稱為感性動員。

擔任公政會義工隊隊長的鍾朝雄，就是用這種方式留下支持者。他說：「基本上過去有一些活動，他們參與的時候我都會給他注意起來，會叫他們留電話。他們都來很多次，再叫他們找人這樣子。我知道你很熱心常在參與活動，我就把你留名字，現在萬一臨時有什麼重要活動，緊急活動，我就透過你們再找人。像老鼠會一直拉。」

這些人基本上認同民主運動的理念，不過，他們的理念是什麼，組織者們並沒有要求，因此也不會舉辦組訓相關的活動給這些支持者參加，像是雙和民主聯誼會就是這樣的性質。說直接一點，組織者只是在活動時需要人手協助事務性的工作時，才聯繫這些找到的支持者。

這樣的「感性動員」，是以社會關係為主的動員方式，只要這些人願意到現場幫忙，他們的信念是什麼，事實上動員者並不在乎。

筆者：他們感性動員都講什麼？

洪志銘：他們都不講話（論述），用感情。跟同志，他們不肯做一些比較強烈的論述。用感情把大家 call 住。

這些受到感性動員前來的支持者，組織者與他們並不十分熟悉，情感多是在活動中建立，但是在強度較高的行動上，他們與接受組訓，有共同建立理念的支持者之間，仍會產生差距。像是街頭運動，洪志銘與我們分享他的經驗時說：「都沒有做組訓，但一股熱情，有時熱情過度操弄的話，就好像是，是比較無章法、難控制，阿這邊（有做組訓）是會控制。所以如果說有一個社會議題在做遊行或抗議的時候，這邊（沒做組訓）會出狀況，這邊（有做組訓）不會。」

另一個差別顯現在民進黨成立時，招募第一代黨員時的入黨意願，如果沒有接受過組訓，即使從黨外時期就參與民主活動，認同民進黨的理念，但面對戒嚴體制，他們在是否入黨的抉擇上，選擇了退縮。

洪志銘：（雙和民主聯誼會）來參加活動願意加入民進黨沒有多，要入黨就不一樣，因為當初要入黨國民黨風聲鶴唳，一直會講啊。

筆者：所以裡面大概有多少人入黨？

洪志銘：大概那時候五十個有啦。

筆者：五十個?!可是總共三百多個（會員）？

洪志銘：對，差不多五十個。像我的是公政會下來，我的黨證是二六九號，是整個台北縣二六九。差不多只有四、五十個敢加入，其他都是聯誼性質的。

組訓使眾人的連結變得更加緊密，也使這些支持者願意更深入參與民主運動，他們能更深刻讓支持者了解這次行動的目的與自己角色的重要性，使他們與一般支持者開始產生差別。成為組織者的幹部群，民主運動最堅實的後盾。

民主前輩黃昭凱與我分享過一個故事：「在台南，我們那兩個派系就是蔡介雄[14]跟我，蔡介雄只是樁腳，結果（民進黨）創黨要入黨的時候，我七十七個他十一個，為什麼這樣？我這邊不怕死的。」

當時的民進黨成立，是民主運動很重要的階段性任務，它代表著反對國民黨威權統治的勢力正式組織化，突破戒嚴時期黨禁的限制。因此，我們不能以現在的政黨政治思維來看待當初的民進黨成立及黨員招募，它代表著對民主運動的堅持。事實上，民進黨最初的組成，除了希望終結國民黨威權統治，其他的理念充滿了分歧，不管統獨左右，各種理念的反對者都選擇在這樣的歷史時刻大團結，共同將台灣推向政治轉型的未來。

## 小傳　楊根龍

「我在街上被打了一個耳光。」

生於新竹的楊根龍，記起參與民主運動的動機，是一次在街上聊天被警察打耳光。當時的他十八歲。

那是一九七一年的事，但是到現在楊根龍都還歷歷在目。當時做散工的楊根龍，做個五

14 台南政治人物，曾任第四及第十屆台灣省議員，有「黨外議長」之稱。民進黨成立後為台南黨部首任主委。

◆ 楊根龍／廖建華攝影

天、十天後，就必須再打聽哪裡還有工可以做；事件發生當時，他在新竹市西門國小門口，遇到幾個一樣做散工的夥伴，與他們閒聊探聽哪裡可以做工的時候，警察忽然走過來，給了一人兩下耳光。「被打耳光是多羞辱的事。我書讀得少，不知道在那聊天會被打，也不是嬉皮、頭髮很長怎樣，我們都沒有啊！」一個正派工作的青年，卻無緣無故在街上受到這樣的羞辱，這一個耳光，在楊根龍心裡起了很大的疑惑，這是對當時台灣社會的疑惑。

而在新竹參與民主運動的群眾，一定會提到施性忠。當時施性忠當選新竹市長，不畏國民黨當局，並用許多有趣的手段拆違建、砍預算，在新竹市引起一波風潮，楊根龍也在其中。他記得很清楚二十四歲時，施

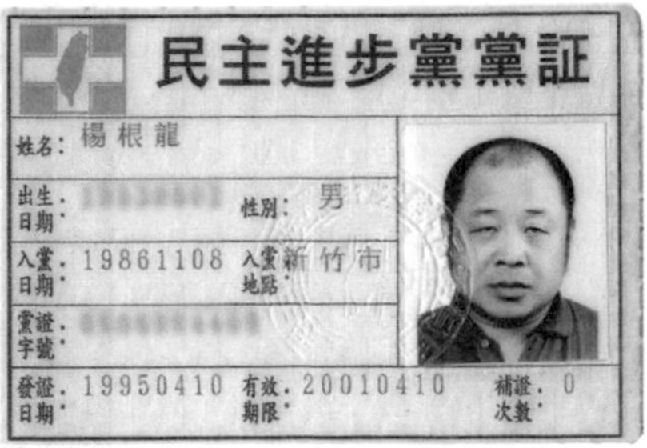

◆ 民進黨黨證／楊根龍提供

性忠要拆國民黨省議員、又有「新竹市之虎」之稱的藍榮祥違建，他也跑去湊熱鬧，當時前往觀看的有兩三百人，至今還是新竹市耳熟能詳民主運動時期反抗國民黨的精彩故事。

不過楊根龍一直沒有對民主運動有很深入參與，都是聽演講、去現場看看，並未實質參與什麼輔選活動，他甚至記得一開始想買黨外雜誌時，因為書局不敢賣不認識的，曾經買過兩三次都撲空。但他卻也成為民進黨的創黨黨員，他說，當時一個油漆工朋友遇到聊一聊，就一起走到北大路的服務處加入了。

一直到吳秋穀、林茂松與蔡仁堅三個人成立聯合服務處，一人拿三千塊出來成立「風城民主聯盟」，開始每週舉辦講座等組訓型活動，楊根龍才開始比較深度參與，當時也剛好是街頭運動風起雲湧的年代。新竹與台北的距離不遠，做零工的楊根龍時間也彈性，成了街頭常客，常常坐上火車就去台北。「四一九總統直選，我去睡三天。總共有五天，我在那睡三晚，最後一晚我被抬到台大門口。」

最讓楊根龍回味無窮的，是參與街頭運動時，沿路的鞭炮聲。

◆ 楊根龍／廖建華攝影

「我們去遊行的時候，在艋舺，人家放鞭炮放到，比迎神明還熱鬧，真的我不騙你，當時就是這樣。」在楊根龍心中，這是一種英雄式的歡迎，因為當時走上街頭，何時被抓走都不知道。那是楊根龍非常享受、有成就感的一刻。參與運動的出錢出力，一聽到這些鞭炮聲，彷彿都值得。

楊根龍的太太經營家中的雜貨店，對於丈夫做些什麼，一開始不知道，後來知道之後，卻也沒有太多干涉，其他家人也是。楊根龍認為，這是因為他們這些沒有讀很多書的人，會覺得只要自己不管，就不會有事，不會想到可能會受到牽連。

「我就希望為了台灣，台灣人能不能更好。」這是有一次警總前來拜訪，說楊根龍吃飽太閒，不工作跑去參加運動時，他給警總的回覆。這是他生命經驗中被警察、外省人、當權者欺負所得出的體悟，楊根龍說自己沒讀什麼書，以前根本不知道什麼叫做戒嚴，是這些遭遇，讓他開始思考，台灣人，自己，能不能因為大環境政治社會的改變變得更好。

「如果有言論自由，我十八歲時在路上，就不會被警察打耳光了。」

**小傳　鍾朝雄**

鍾朝雄，曾經是台北市議員、民進黨創黨小組成員顏錦福的辦公室主任，他也在顏錦福擔任黨外公政會理事長時，擔任公政會的義工隊隊長。

鍾朝雄會參與民主運動，是一場意外。一個同學拜託鍾朝雄打工，改變了他的一生。當時他正在等當兵，有一個同學的爸爸是無黨籍台北市長參選人高玉樹的重要助選員，因為怕國民黨作票而招募監票員。鍾朝雄回想：「那個時候我真的是，懵懵懂懂，不懂政治。」登記參加監票員之後，鍾朝雄開始去聽高玉樹的演講，這是他的政治啟蒙。當然在戒嚴時代，他們不是正式的監票員，而是「監督」開票員與監票員，以防有任何作票的情事發生。

「然後接下來康寧祥、黃信介的演講，也都會去聽，那個時候自然就培養了一些勇氣。」鍾朝雄描述這樣的一個過程，從開始了解到實際付出行動參與，其實還有一段路，在這之中，很重要的就是勇氣，不要忘了，那是一個戒嚴的時代。但是，這樣的勇氣培養並沒有那麼困難，看到美麗島事件等政治事件、國民黨的所作所為，心中憤憤不平的情緒，使他們這些黨外支持者，更願意化支持為行動。

## 顏錦福開啟的助選人生

一九八五年，鍾朝雄認識顏錦福，成為他的市議員助選員。

會認識顏錦福也是湊巧，當時鍾朝雄常在南門市場旁邊的書店買黨外雜誌，當時買黨外雜誌需要一定默契，書店老闆不會直接上架，而是客人主動詢問。有些甚至是熟客或需要有人帶才買得到，儘管如此，警總還是會造訪這些書店，沒收黨外雜誌。那天鍾朝雄去找老闆聊天，老闆又被沒收一批黨外雜誌，生氣地跟他抱怨，剛好顏錦福住在附近，又正好「掛名」時代雜誌社的社長。在當時黨外雜誌社也很常被取締停刊，需要重新申請執照才能發行，因此鄭南榕想到對策，一次申請了十八張執照，顏錦福就是其中一個發行人。書店老闆就帶著鍾朝雄去找顏錦福，開啟鍾朝雄的助選之路。

後來鍾朝雄幾乎成為顏錦福的貼身助理，幫他開車，陪著跑各式行程，不管是外縣市助選、法庭打官司、公政會的會務，也因此參與了許多歷史時刻。像是黨外後期民進黨創黨前期兩個團體，編聯會及公政會，鍾朝雄都是會員。

鍾朝雄所擔任的義工隊隊長在街頭運動中很重要，必須在每場運動前通知大家前來參加或幫忙，以現在的術語來說，就是動員群眾。這些義工怎麼找？主要是常在演講會看到、會在辦公室走動的人，鍾朝雄就會去跟他們搭訕要電話，然後有活動時就會請他們來幫忙，像是搭舞台、排椅子等等，這些人也會再帶人來幫忙，當時大概一個月就會辦一場演講會，見面的頻率很高。下方是當時鍾朝雄刊載黨外雜誌上的徵人廣告。

◆ 黨外雜誌上徵求義勇隊員廣告／慈林基金會社運資料庫提供

徵求長期義勇隊員
來吧！朋友們
一起來扛起黨外民主運動的大旗
台灣的民主進步、社會進步需要您熱心的參與!!
▲凡愛好民主、關懷鄉土人士，不拘性別年齡，均可加入。
▲請逕向黨外公政會總會洽詢
地址：台北市青島東路四號二樓之三　電話：(02)3968620・3945169

## 基層如何認知民進黨創立前的組織衝突？

同時成為公政會與編聯會的會員，乍聽是件很奇怪的事情，因為當時的公政會，被認為是公職掛帥。因此一些沒有公職的政治菁英，多在雜誌社工作寫評論，才成立編聯會，希望能制衡公政會皆由公職主導事情的現況，兩個團體之間，或多或少存在競爭關係，有些地方甚至水火不容。不過民進黨組黨時，公政會與編聯會摒除前嫌，共同合作。

很多公職跟雜誌社也有往來，就會兩個團體都加入，也因此底下的會員也會重疊，像是鍾朝雄。他雖然一直是公職顏錦福的幕僚，事實上他也反對公職掛帥，最大的差別就是在當時還是國民黨一黨專政的體制下，到底要妥協還是要反抗？妥協要妥協到什麼程度？反抗又是用什麼樣的方式？因為在美麗島事件之後，沒有人希望這樣的事件再度發生，但又要如何繼續跟國民黨對抗呢？對於像是鍾朝雄這樣的參與者來說，事情很簡單，公職掛帥，與國民黨協商什麼的，他們沒有辦法參加，走上街頭，他們可以！所以「街頭路線」普遍受到基層支持者歡迎，他們也付出最大的努力與熱情參與，很多人甚至付出自己的一生。

### 歷史中唯一的鏡頭

「前幾天那個，那個民視，報康寧祥那個節目你有看到嗎？我也有鏡頭啊，有一個鏡頭，那時候我負責安檢維護……」這個鏡頭，是民進黨在圓山飯店創黨時，鍾朝雄負責安檢維護時上的鏡頭，卻也可能是鍾朝雄參與民主運動中留下唯一的鏡頭。這就是這些基層參與者在民主運動中的縮影。

## 四、基層草莽的生命意義與勇氣形塑：他們到底是誰？

政治菁英在民主運動中所扮演的角色是生產論述、參加選舉贏得公職，運用演講號召群眾。這些都必須有基層協助，他們負責助選的事務性工作與活動後勤，他們運用據點貼近群眾的日常生活，將政治菁英的論述進行「民主轉譯」，成為政治菁英與群眾之間的中介者。

如果我們進一步追問他們的社會背景。本章中所出現的基層受訪者，呈現與量化研究，也就是統計數字（林佳龍，1989）相符的結果[15]。他們的職業屬性，主要是自己做生意的小資產階級與勞工階級，因為這些人被國民黨的利益體系排除，而支持民主運動。

不過，以往的量化研究沒有注意到「職業流動」，他們並不一定都是一直從事相同職業，甚至民主運動的參與一部分也影響其職業轉變。像是戴振耀，他本來在油庫工作，因為美麗島事件入獄，出獄後則接下家裡的田產開始務農。黃耀明所經營的便當店原本是太太開設，他自己在美麗島事件前是一位記者，因為採訪的緣故到事件現場，使他開始參與民主運動協助邱連輝，報社工作變為兼職，與太太一同經營便當店。

由此我們可以發現，為了參加民主運動，這些基層參與者會轉換到相對彈性的職業，使他們能夠有時間參與。不過，這樣的職業流動也不一定是這些基層參與者自願，也有原本是一般上班族，因為參與民主運動而被雇主刁難，只好成為臨時工。但對大部分參與者來說，他們的職業選擇與民主運動沒有相關性。小資產階級與勞工階級的職業屬性，也解答了他們能在群眾策略中積極參與動員的原因，他們能有比較彈性的時間參加遊行抗爭。

楊根龍：因為我們做木工，沒有固定的雇主，要休息就休息，這樣。
筆者：時間比較彈性？
楊根龍：對，沒有人可控制。

這樣的職業屬性在組織者們做組織時就已經呈現，他們所找到與接觸的支持者，也多是這樣的職業屬性。

黃耀明曾經這樣描述：「都不是很好的職業啦，都不是很好的職業，是可以這樣講啦，我們是不能像國民黨講的，說我們三高一低。職業都不是很好，不是經濟上較富裕的，那時候經濟上較富裕的是像邱茂男，蘇貞昌啦，潘立夫啦，邱連輝這些啦，這些比較有，選公職什麼的，經濟比較好的。剩下的都，職業都不是太好。兩個字啦，草莽，多數都是草莽個性的人那時候比較敢參加組（民進）黨。」

15 林佳龍(1989)〈威權侍從政體下的台灣反對運動——民進黨社會基礎的政治解釋〉。《台灣社會研究》第二卷一期，頁117—143。

一九八六年到一九九二年民進黨社會基礎的成長，更凸顯出這樣的情況。這段期間，民進黨的得票率從23．3％成長到31．8％。歐陽晟（1994）的研究指出，此期間民進黨所增加的選票，仍以本省人為主，工農階級成為民進黨最主要的支持者；本省自營中產階級仍是支持度次高的階級，卻呈現下降趨勢，這與國民黨重組有關。本省公教人員的支持度，也因為國民黨社會控制鬆動開始也上升。（歐陽晟 1994:125-126）[16]

由此可知，在民進黨群眾策略時所擴大的社會基礎，很大一部分是來自於本省的農工階級，也是當時參與民進黨群眾策略的主力。

除了擁有較彈性的時間能參加民主運動，這些人會成為民主運動主要支持者，來自於民主運動開啟他們別於社會給予的生命意義。

戴振耀說過：「我是在這樣衝突的社會，有的是外來政治所籠罩著這樣的恐怖，在那個印象中成長，一方面是很單純，一方面是社會這樣，如果你沒碰到政治，會活得很快樂啊。」

我們已經知道，在組織者傳達理念的過程中，運用日常生活的經驗作連結是一種很重要的傳達方式。這些生命經驗，在這些民主運動的參與者回想他們參與的過程，會成為重要的起點，尤其是自身被壓迫的故事，而且不只是一個壓迫的故事，而是從小到大所經歷的事件不斷累積。

像是楊根龍，他在街上被打了耳光。事實上，他還有另一個故事，是七歲時他被公車司機拎脖子丟下車，還害村人幫他討公道時被榮民打的經驗。這兩個看似與統治者沒有關係的被迫害經驗，卻成為楊根龍心中開始參與民主運動的起源。在國小無法說台語的經驗，也成為戴振耀第一個很大的生命衝擊。

李筱峰（1995）研究中指出，「對統治者的不滿」，是一個民主運動參與者重要的參加因素[17]。不過，這些參與者他們對統治者的不滿，可能不只是特定的政治事件，而是發生在這些參與者自己身上的經驗。這些民主運動參與者多屬於勞工階級，社會地位不高，面對這

16 歐陽晟(1994)〈台灣民主轉型期政黨競爭形態的社會基礎（一九八九—一九九二）〉。國立台灣大學政治學研究所碩士論文。

17 李筱峰(1995)〈國家認同的轉向——戰後台灣反對人士的十個個案〉。《台灣，我的選擇！：國家認同的轉折》，頁1—72。台北：玉山社。

些生活中的迫害經驗，無法有反抗方式，到後來接觸民主運動之後，他們找到了他們所認為被迫害的答案，成為他們後來理解與認同並參與民主運動與反對國民黨的原因。

因此，我們除了用經濟排除來理解這些人成為民主運動主要支持者的原因，他們因為階級在社會上遭到的排除與迫害，也是他們認同民主運動的主因。

除了社會排除，勇氣的形塑成為這些參與者最重要的理念。「勇敢」、「勇氣」與「不怕死」，成為我在訪談過程中最常出現的詞彙，這些參與者用這樣的詞彙描述那時候的行動，這也是他們給自己塑造的形象、參與民主運動的動力。

對於勇敢的印象可以追溯到他們最初接觸民主運動的時候，是從自由中國組黨失敗後的反對運動，郭雨新、郭國基、高玉樹、余登發等早期的本土菁英，成為這些當時仍是年輕人的民主運動參與者的啟蒙，他們所看到的是大砲與棺材等聳動刺激的選舉裝備，加上強烈批判威權政府國民黨的演講，使他們認為，這些候選人怎麼這麼「勇敢」。

「勇敢」成為一個對於這些參與者來說重要的理念。戴振耀雖然在一九七七年就成為橋頭鄉唯一的黨外鄉民代表，不過，他認為第一次用行動去做反抗，是在余登發被捕時，自告奮勇在路邊貼「搶救余登發父子」的大字報。

戴振耀很高興地回憶：「走一下子以後，想說有沒有人在看，又回去看看，回去驗收，結果，有人看耶！還沒有被警察撕下來，好興奮！我第一次用行動去做反抗運動。雖然只是貼兩張單子而已，回來高興一整天。」

從這裡我們可以發現，具體付出實際行動的意義對於這些參與者來說不一樣的，他們覺得自己很有勇氣。「勇氣」也會成為這些組織者找幹部時所注意的重點，是基本信念。

**筆者：這些的基本信念是什麼？**

**洪志銘：那時候民進黨剛組起來，都說是勇敢的台灣人，所以是勇敢。**

這個勇敢的信念怎麼形成？從洪志銘的這段逐字稿可以看出一些端倪，「勇敢的台灣人」

這樣的說法，正是王甫昌（1996）所認為的共識動員重要的內容：形塑台灣民族主義。在塑造台灣人的英雄及傳說過程中，對於司法迫害入獄黨外人士光榮的形塑，強調「台灣人出頭天」、「台灣人的光榮」。這些過程中，也給參與者們關於光榮與英雄的概念，使他們認知自己的行動與政治菁英一樣，是勇敢地與國民黨對抗、是勇敢的台灣人。台灣人必須要勇敢，才能出頭天。而民主運動的街頭抗爭，就是展現這個形象最好的舞台。

筆者：打給他們會拒絕嗎？會說不來嗎？

鍾朝雄：大部分都不會。那時候的氛圍，大家都滿熱心的，覺得參與這種活動很有成就感。

筆者：為什麼很有成就感？

鍾朝雄：敢跟國民黨對抗啊！這種勇氣對不對？那個時候還沒有解嚴耶，敢出來參與的還是滿有勇氣的。

當我訪問當時擔任義工隊隊長的鍾朝雄，聯繫支持者參與活動時有無被拒絕？他回答我：參與街頭活動不只是這些參與者們對於勇氣的認知，他們也會在其中獲得成就感與榮譽感。

這樣的榮譽感在這些參與者被政治菁英介紹去參加URM[18]的時候也有提到，而URM的訓練本身對於街頭運動的策略提升有很大幫助，使這些參與者更願意投入街頭運動。

在街頭上直接對抗國民黨，使參與者能用勇氣形塑自己的行為，並獲得成就感與榮譽感，也抒發這些支持者長久以來作為「台灣人」所遭遇的怨氣。

走在中山北路，我們士氣越來越高昂，人數也由一百多人增加到兩百多人，後面還有更多的摩托車騎士加入。我心情覺得很輕鬆，就開始跟左右的人邊走邊聊，有一位約三十幾歲的年輕人，中等身材，我不知道他的姓名，也不知他住哪裡，現在更忘記他的長相是什麼，我只記得，他走在我身邊，一邊走一邊對我說：

「我今仔日，足歡喜咧！」

「你歡喜啥米？」我笑著問他。

「我有塊呷頭路，下晡我就請假就無去上班，專工欲來甲恁鬥陣行！」

18 URM全名為Urban Rural Mission，中文為「城鄉宣教協會」，為二戰後基督教發展出來的組織，其核心宗旨是與被壓迫、剝削的人站在一起，共有義受苦、對抗邪惡的勇氣等六項核心原則。台灣八〇年代的街頭運動包含組織方法、運動策略、糾察訓練等皆受其影響至深。

「哈，真感謝你，咱若鬥陣行，咱就嘸驚啦！」

「我，我，已經等足久，……等到今仔日，我才有機會，……咱台灣人乎壓彼呢久，今仔日，我……我……足歡喜咧！我……嗚！……嗚！……」

我身邊這位兄弟，跟我走在前排，說到這裡，悲喜交集，竟然當眾哭了起來，我一下子也傻了眼，也不知該說些什麼來安慰他！（江蓋世 1997: 245）[19]

不過，這樣對於街頭運動的熱衷，雖然使民進黨創黨初期有使用群眾策略的機會，但是群眾策略只是民進黨在自由化（liberalization）[20]的非常時期所使用的手段。民進黨終究是一個政黨，目標是靠著選舉取得政權，當民進黨的路線開始出現調整，與群眾之間的衝突就開始顯現。

19 江蓋世(1997)《我走過的台灣路》。台北：前衛。

20 政治自由化（liberalization），是指旨在保護個人或團體，使其免於國家非法或違憲（unconstitutional）侵害的種種權利，得以發生或恢復效力歷程。這些權利包括：使得傳播媒體免於查禁；使自主的社會團體獲得較大的組織活動空間等（沈宗瑞，2002）。台灣的自由化時期，泛指戒嚴後至一九九〇年代初期完成修憲進行國大代表及立委全面改選之前的時期。

◆ 戴振耀／謝三泰攝影

# 小傳 戴振耀

戴振耀出身農家，他與其他基層參與者不同的是，他曾任立委及農委會副主委這些「高官」，但他也和許多的政治菁英不同，當他卸任後，他回到高雄內門自己的農場，繼續務農。在政治圈內仍是有一定份量的前輩，人稱「耀伯」。

一九四八年出生的戴振耀，高雄橋頭人，從小在農家長大，是標準的務農子弟。當時的橋頭百分之八十務農，只有橋頭糖廠與高雄煉油廠兩家工廠，看似一個很單純的地方，卻不管白色恐怖或是民主運動，都可以看到橋頭的影子，像是白色恐怖橋頭糖廠案及一九七九年的橋頭事件。也因為這樣，耀伯很小就知道什麼叫做思想犯，也聽大人說鄰居被抓走，這些都在他幼小的心中留下一定的印

◆ 戴振耀／王勝弘提供

◆ 高雄縣農權會／曾心儀提供

◆ 一九八九戴振耀選舉文宣／邱萬興提供

象。

## 第一位用台語質詢的立委

另一件讓兒時的戴振耀感到衝擊的，是國小上課時無法說台語的文化挫折。這是他開心單純的童年印象很深刻的一件事，後來他開始相信台獨，認為國語只是北京話，台語也是一種國語，也就是台灣共和國的國語。選上立委之後，戴振耀成為第一位在立法院用台語質詢的委員。

開始受到啟蒙，是國中在廢紙回收廠被標題醒目的黨外雜誌吸引，從此跟撿回收的阿伯要雜誌當課後娛樂，他回憶：「我讀國中（民國）四十九年，那時覺得，這麼多雜誌這麼好。第一個讓我記到現在都很清楚的，以前叫民主、自治這樣的雜誌，標題譬如說，『小鋼砲郭雨新為農民請命』，那標語都很醒目又有押韻，『大砲郭國基環掃省議會』。很刺激耶！邊翻邊看，很有趣，而且都替台灣講話，想說要做一個有骨氣的台灣人就要像這樣，才是有骨氣的台灣人。我看的時候，越看越有興趣，就像看漫畫書一樣，對我來說，我覺得這是我小時候最好的娛樂。」一開始看這些雜誌，並不是戴振耀對政治有多熱衷，只是受到標題吸引，且覺得很有趣、很刺激。這樣的偶然卻改變了他的一生。

高中也開始跟同學去幫忙郭國基發傳單，後來耀伯沒有考上大學，當兵回來後在高雄油庫工作一陣子，因為始終對政治很有興趣，就決定參選橋頭鄉民代表，成為第一位黨外的鄉民代表，更加深與黨外政治人物的淵源。

## 入獄痛定思痛另一個開始：做組織

一九七九年，余登發父子因「吳泰安匪諜叛亂案」被捕，引發黨外人士南北串連，來到高雄橋頭遊行抗議，成為台灣戒嚴時期第一場示威遊行活動，稱為「橋頭事件」。參與其中的耀伯，卻在遊行中產生一個疑問：「遊行的時候，橋頭跟的人少。回來我就有一個思考，我思考說為什麼余登發在高雄縣喊水會結凍的人，當他被抓的時候，也是很少人出來，應該是大家都要出來挺啊！幾十萬票的人怎麼會這樣寥寥無幾？我就覺得說，這實在很丟臉，到底是我們不夠大還是怎樣？我回來就這樣反省。我發現台灣人過去都用感情去找選票而已，沒有那個理念。」

這樣的疑問，一直到美麗島事件入獄之後，跟獄友楊青矗一起討論而獲得解答，也確立出獄後戴振耀努力的方向。「有一次楊青矗就跟我說，靠勇沒用，要會組織。他說組織就是去找一群人來，就組織起來。」組織的目的，是培養堅強信念，如果有著堅強的理念，面對國民黨與警察的反制，雖然會害怕，但仍舊會挺身而出、堅持下去。所以才說「靠勇沒用，要會組織」，而戴振耀所指的相同理念，主要是具有台灣意識。

因此戴振耀開始有了將相同理念的人串連在一起的想法。楊青矗也告訴他：「你如果不知道（怎麼做），你出去去找一個叫做喇叭，正名邱義仁，在芝加哥大學念書回來台灣，那個人很有組織概念，你去找他就沒有錯。」美麗島事件出獄後，戴振耀認識邱義仁，開始組織工作，也成為早期新潮流成立的元老之一。

但他的戰場仍在高雄。

因為美麗島被關三年的經驗，母親很害怕他再碰政治，父親給了他一甲地的芭樂園，戴振耀開始務農；但是務農之外，他也開始做組織。「白天我都在種芭樂，白天做一做，晚上他們就回去了，我晚上就把我的農寮，本來白天在做集貨場的，晚上變農民教室，我就開始去串連了，就找我們高雄縣，一鄉鎮最少找兩個，找找找到甲仙、六龜、大樹、田寮、鹽埕、湖內、鳳山各處，旗山都是，就開始上課。」

一鄉鎮找兩個聽起來很容易，除了在農民教室，戴振耀更要跑遍高雄，他告訴我們：「像傳道士（一樣），週末我們會找自己的人，譬如說我都找楊金海他女兒，組一組我們去哪裡演講，廟口還是哪裡。說一說一開始二十三十個，越說越大聲，警察就來，警察來人就越來越多，大家看是怎樣？就戴振耀啊，和金海他女兒來演講，現在來越來越多，就介紹誰誰誰，就說不然你留名字給我們。下次沒有在演講的時候，就騎摩托車去他們家找他坐坐泡茶這樣，就聊聊聊，他在他們村莊絕對會有一些他志同道合的人，就揪揪揪，越揪越大群，我就，這岡山的、這彌陀的、這湖內的、這田寮的、這旗山的、這六龜的、這甲仙的，串串串，一百多個了，辦一場比較大的演講會。」

除了在高雄各地演講，戴振耀也用黨外雜誌作為找尋民主運動支持者的工具，他回憶：

◆ 戴振耀／曾心儀提供

「像我去岡山賣給一間書局，那個老闆說，你這個沒辦法賣耶，我說你就放裡面，有人要買再拿出來，他就買，後來就跟我很認識了，後來也被我帶進來加入民進黨，本來只是一個書店的老闆，卻變成一個很激烈的人。」找經銷商之外，戴振耀也會在街頭賣雜誌，與這些零星客戶建立關係，多次來往下，這些讀者所買的數量可能會越來越多，尤其是一次買很多本的「大戶」。戴振耀說：「如果敢跟我們買十本的大概是頭了，意見領袖了，就可以找他來上課了。」

## 田間的農民教室

講了那麼多，農民教室都在上什麼課呢？

農民教室的主要討論內容，除了民主運動重要的理念，台灣意識及建構台灣民族主義。

農業如何經營？技術如何精進？農業相關政策多麼不公平，也是重要的討論議題。這是凝聚力量，使團體壯大很重要的工作。

對他們來說，這種上課是一種受訓。這些受過組訓的幹部，就會成為民主運動重要的伙伴，與組織者們一起完成許多行動，像是選舉、街頭抗爭及入黨。像是余陳月瑛率先實施農保，這些農民上街頭抗爭，就是很大的助力。

戴振耀回憶：「社會福利的平均都不平均，他們有工保、軍保什麼保，農民沒有農保，所以組織農民變壓力團體，去跟余陳月瑛說服，說我們給你靠，跟他實施下去啊，怕什麼。台北我們去被打一打，打一打又回來，頭像西瓜被打，我們那時候就是這樣，回來就跟余陳月瑛說做縣長不實施什麼時候要實施，現在她一世英明，大家會記得的就是農保是余陳月瑛開始實施的。」

## 抗爭後，等著我的是一地熟透的芭樂

當時的抗爭場域仍在媒體焦點的台北市。

在交通不便的年代，要前往台北抗爭，必須坐野雞車，坐五個小時，晃晃晃到台北。一九八〇年代末期，這些民主運動的參與者，幾乎每一場都會參加，有時一通電話，戴振耀就放下一切的農務，坐車上台北。甚至錯過農收，有一次從台北回來，戴振耀看到的是掉滿地熟透芭樂、來不及採收的芭樂園。

◆（左起）戴振耀、陳菊、邱義仁／謝三泰攝影

而後戴振耀在一九九二年國會全面改選時當選立委，成功在立院完成《老農津貼條例》與免收水租政策，其實都是當時農民教室討論的主題。戴振耀回憶：「所以我（當立委時）提出的都是大家開會的時候研究出來的，譬如說水租，你不繳都要上法院關六個月，出來還是沒錢繳，所以要廢除。老兵有年金我們沒有，大家還討論討論，這不公平。」

於首次政黨輪替後擔任農委會副主委時，提案通過「農漁子女獎助學金辦法」。戴振耀講到這邊，笑笑說：「我們以前在街頭拚死拚活爭取的農民權益，沒想到當上立委後，竟然一下子就這樣過了，當下覺得有點不可思議。」

戴振耀用一生的青春奉獻給台灣的民主運動，晚年選擇繼續過著簡樸的農村生活。更多戴振耀的故事，可以參照玉山社二〇一七年出版的《鹽水大飯店：戴振耀的革命青春》。

## 小傳　黃財旺／文・廖建華

「我幫十五個以上的市議員做過助選總幹事，我是議會議員的產婆，大家了解吧？我拿麥克風拿了超過三十多年，你走在路上，你一定會看過我！」上午八點，黃財旺在高雄三民公園裡，向打著牌、下著棋，或坐在長椅上放空的中老年人們聲嘶力竭吶喊。不只是因著他對民主運動的熱情，而是昨日還在使用、今日卻突然斷斷續續的麥克風，發著惱人嗶嗶聲，不再給力。

專誠拜訪
三民區
(市議員檢覆合格)
黃財旺
服務處：[redacted]
電　話：[redacted]

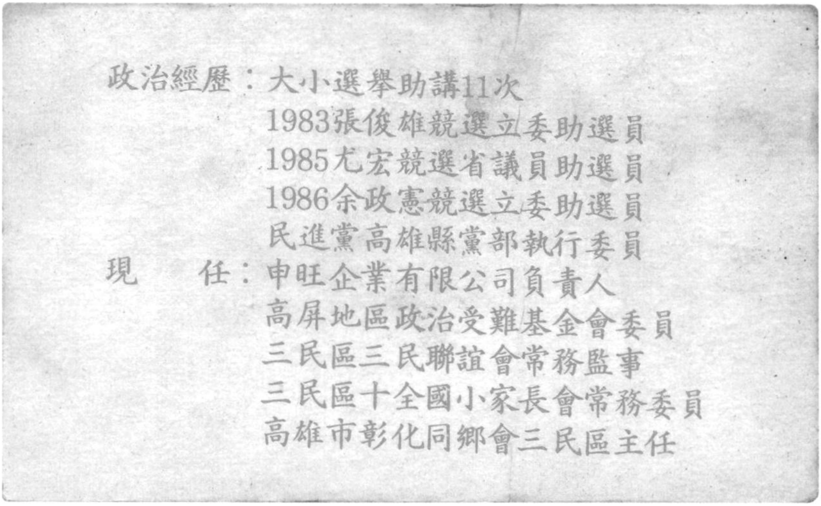
政治經歷：大小選舉助講11次
1983張俊雄競選立委助選員
1985尤宏競選省議員助選員
1986余政憲競選立委助選員
民進黨高雄縣黨部執行委員
現　　任：申旺企業有限公司負責人
高屏地區政治受難基金會委員
三民區三民聯誼會常務監事
三民區十全國小家長會常務委員
高雄市彰化同鄉會三民區主任

◆ 黃財旺名片／黃財旺提供

那是二〇一六年立委綁總統大選前夕，黃財旺拿著他的麥克風，跟著立委候選人在菜市場拜票。那不是他養家糊口的工作，而是他終其一生自願前往，為選舉保持著沸騰的聲嗓。助選也好，選民服務也好，全薪半薪都無所謂，他想扶持年輕人，突破高雄地方的國民黨政治版圖，為此他願意一生都是選舉的總幹事。但四十多年的經歷，慢慢不被採用，也許時代不同，也許和年輕人合不來，曾經呼風喚雨的助產婆，已沒什麼影響力。這幾年常常不出家門，太太看不下去，轉而鼓勵他外出走走，泡泡茶露臉也好。

◆黃財旺／廖建華攝影

小時候，黃財旺的父親曾帶著兩籠番茄上街販售，一個年輕外省人在價錢談不攏後直接翻了父親的攤。後來，父親告上警局，卻反被警察數落整天，少了一天生意的收入，年輕外省人也沒得到應有處置，反而是父親被恐嚇，如果再繼續鬧事，就會將他關進去，一家人自此記住了對外省人與國民黨的厭惡。在那還是買票會當選的年代，買票人都會自動跳過黃財旺一家。

長大後，黃財旺卻愛上外省女孩，為了得到父親的許可，丈著女孩的母親是本省人，且女孩台語講得頗溜，為愛就矇騙過去。結婚後一年，黃財旺騎著機車帶太太到處看選舉場合，甚至半路想丟下機車，跳上選舉車幫忙拿麥克風吶喊助選。其實，婚前太太並不知道黃財旺「參與選舉」這個興趣如此地狂熱，只因為交往前的約會期間，剛好都沒選舉。此後，兩人運動後經過市場，黃財旺偶爾興致一來，便生出麥克風自行幫候選人助選，太太只能尷尬地東躲西閃。

美麗島事件時，黃財旺的太太接到警局來的電話，希望先生前往一趟做筆錄，當時她恰好有舊識好友任職議會，先行溝通後，黃財旺很快就結束約訪，還被給了便當吃。身為黃財旺的伴侶，對先生「參與選舉」這樣的興趣，只能採取消極態度，因為憑著良心，黃財旺並未因此丟下家裡生意，工作和興趣分配得宜，是負責任的好先生。仔細看過幾次黃財旺，會發現他的上衣永遠有個口袋，紙與筆在裡頭，記下老客戶的叫貨需求後，如果助選當前，他還是會先行前往，再行送貨。

一切緣起於高雄橋頭。以農民運動為職志，並在美麗島事件被關過的戴振耀，是黃財旺等一批人的老大，兩人是從小一起長大的「師公聖杯」[21]。國中時，別人準備聯考，兩人則在橋頭糖廠附近的甘蔗園，將仍未長大的小甘蔗當成聽眾，練習政治宣講，並用錄音機錄下，相互回饋。如此執著與瘋狂的原因，除了生活上曾被政府打壓，黨外雜誌更帶來莫大的衝擊與想像。

當時兩人家附近有人撿拾舊物，《自由中國》等黨外雜誌就在那些棄物與瓶罐堆裡，當時的黨外雜誌會刊登反對運動圈的「黨外點將錄」，也就是介紹從台北到高雄各地，比較風靡、敢於直言的黨外頭人。「小鋼炮郭雨新為農民請命」、「流氓書生李萬居窮途潦倒」、「大砲郭國基橫掃省議會」醒目聳動的標題讓兩人將黨外雜誌當成漫畫書在看，至今琅琅上口。另外，李敖的《傳統下的獨白》、王尚義《野鴿子的黃昏》等書，也都成為他們思考世界的開始。

黃財旺也參選過。高中畢業後，黃財旺曾到台北應徵馬達業務員，幾年後便回高雄開業，生意日漸穩定後，自己和身邊的人都認為他有一副好口舌，黃財旺也一直忘不了那些氣勢磅礴的演講，那些雜誌裡的犀利針砭，那是常人不敢做的事情，如此言之有理、意氣風發，俠

---

21 閩南語諺語，意指兩人交情很好，形影不離。

◆ 黃財旺／廖建華攝影

義之舉常常獲得村里間掌聲。諸如省議員郭國基等人的身影，不時在他心裡湧上——人生志業要能當上一次省議員最好，批判執政，為民喉舌，政府單位只要前面冠上台灣兩字，似乎都能管理、質詢。意念的芽萌發確定，成為省議員的前一步，必須先是縣議員、市議員。

在那還是地方樁腳，可以靠著七八千萬賄選的年代，他效仿年少時追隨的前輩，街頭的演講一場一場，唇與舌的作戰，意欲說服那些同是在地生活的居民蓋他一票。然而，因為要選的是議員，民進黨不止黃財旺一位候選人，他也從不是民進黨的明日之星——沒有政商世家的背景，沒有被關過的資歷，選民能蓋給民進黨的票數，最終沒有多到讓黃財旺當選。來來回回總共兩次參選，每回說起自己為何不曾當選的來龍去脈後，現場總會靜寂一點時間，可能是幾秒，也可能是我想接上一些什麼話卻接不上來，時間莫名長。然後，黃財旺回神一般微笑自嘲，「所以我有個雅號，叫做議員的助產婆，意思就是，被總幹事輔選就會上。」

許多民主運動的基層參與者，強調的都是台灣獨立建國，甚至鄙棄選舉，認為選舉是體制內的妥協，是一種投降。相較之下，黃財旺對選舉的情有獨鍾更是十分特別，他的腦中有一幅高雄在地的街坊地圖，年輕人如我遠道而來，每條巷弄的政治流變因果，鉅細靡遺，怕一有遺漏，民主自由的傳承就會迷了路。

黃財旺的母親曾問，你們幾個拿抗議牌子的，二三十個，就能把國民黨怎樣嗎？所以，最好不要惹事，牽涉那些有的沒的太多。但為何還要管呢？我想黃財旺會這樣回答：「兩黨制衡是民主國家最好的政治生態，為了不負先輩對民主自由的追求，為了能讓台灣更好，黨外能多一席是一席。」

訪問結束，黃財旺騎機車出門接老友過來，不到一分鐘後又折返，我以為還有遺漏的話語要補充。但他只是突然想起，如果我要短暫離開他家，門記得帶上，家裡養的博美狗怕會走失。

## 五、這些基層參與者對台灣民主的貢獻

我們看了那麼多基層參與者的故事，但其實，他們在既有的台灣民主化研究中也是被忽略的，但我必須要告訴大家，他們不應該被忽略的。為什麼？

第一，他們並不只是民主運動的配角，他們是有主體性的。

雖然這些基層，他們對於民主運動的認識都是從政治菁英開始，他們相信政治菁英所生產的論述，聽政治菁英演講的經驗是大家共同的「啟蒙」。但是我們必須注意到的是，他們並未只停留在支持者的角色，而是用具體行動參與民主運動，形成基層的黨外反對運動圈，成為政治菁英與支持者之間的橋樑。

基層的反對運動圈在地方上形成的日常生活網絡，使認同民主運動的潛在支持者能夠聚集，這些網絡也就是民進黨創立最初的群眾基礎。也就是說，他們使民主運動支持者的群眾基礎得以現形，而不只是每次選舉，黨外候選人所獲得的空氣選票。

第二，他們參與民主運動的方式也很不同，他們主要是用「行動」，而非「論述」參與。

換句話說，政治菁英的決策，必須要這些基層參與者的執行才有辦法成功。這些基層在其中也有自主性，這表現在後來他們選擇對什麼運動的積極參與，他們用「行動」而非「論述」來告訴政治菁英，他們相信與選擇什麼樣的路線。他們選擇自己認同的政治菁英與他們合作，積極參與他們認同的民主運動。

不過，並不是每個地方都能形成基層的反對運動圈。黨外公職人員在當時並不多，不一定都有服務處，儘管有服務處也不一定會認真經營，用組織作為行動的組織工作者只是少數。許多基層參與者在各個地方助選，找尋他們在民主運動中的認同與位置。

陳萬富就是典型的基層參與者，出身花蓮的他學歷只有國中，受到《自由中國》啟蒙，一九八一年打著黨外旗幟參選玉里鎮民代表落選；而後在台北、高雄與屏東各地協助政治菁英助選，並在一九八五年施明德絕食開始抗議行動。多次因為聲援街頭運動入獄。

他用行動表示對民主化的關鍵，也就是對創黨的支持。許信良在一九八六年五月成立「台灣民主黨建黨委員會」時，黨外新生代鄭南榕與江蓋世紛紛表示要以行動支持，成為台灣民主黨第一與第二位黨員。江蓋世發起「組黨行軍」的行動，基層參與者陳萬富看到江蓋世雜誌上的宣傳，主動聯繫江蓋世並加入他的行動，並自行在高雄發起「組黨行軍」。

在《台灣時代週刊》的報導中，他與江蓋世第一次相見，出現這樣的描述：

> 這些，不就是自己心中想的話嗎？竟然從另一個人口中替他講出來，陳萬富心中熱血沸騰高興萬分，矮小的他與高大的江蓋世也緊緊地擁抱在一起。（硯文，1986）[22]

這段對於陳萬富的描述，表現了政治菁英作為基層參與者「代言人」的角色，他們也許沒有論述能力，但他們了解自己理念，尋找與自身理念相同的政治菁英。另一方面，陳萬富的實際行動也表示他對於組黨的支持，但是他無法直接參與組黨的過程，只能用這樣的行動來表達理念。

除了創黨的例子，民進黨創立之初採用群眾策略、將台獨納入黨綱的過程，都是基層參與者用「行動」展現的積極性所獲得的回應。他們的行動，上街頭這樣的行為，更是台灣民主化過程中的重要因素。

## 街頭運動在台灣民主化的重要性

民進黨創黨在既有研究中是台灣民主轉型的核心事件，吳乃德在《百年追求：台灣民主運動的故事》中這樣告訴我們：反對黨的存在和公平競爭的選舉，是台灣民主轉型最核心的關鍵。事實上，民進黨創黨的象徵意義大於實際意義，從宣布創黨到組織上軌道，民進黨仍走了一段路。更重要的是，「民進黨創黨」到「開始公平競爭的選舉」，也有一段很長的路。但是以往研究忽略這段過程，吳乃德繼續告訴我們：當一個社會的政治跨過這個門檻，民主的其他制度，如言論自由、媒體開放、司法獨立、民意機構定期更新、甚至修改憲法，遲早都將跟隨而來。（2013:305）[23]

但我們翻閱這段台灣自由化的時期，就會發現，解嚴、言論自由與國會改選這些制度，並非「跟隨而來」，街頭運動社會力的展現在其中扮演很重要的力量。

22 硯文（1986）〈走上街頭總比坐在家中好——陳萬富通往牢獄之路〉。《自由台灣週刊》第十一期。
23 吳乃德（2013）《百年追求：台灣民主運動的故事》。台北：衛城出版。

這種社會力的展現與自由中國組黨時期的政治菁英被認為具有雄厚的社會基礎不同，一般認為這樣的社會基礎來自於選舉時獲得的選票。不過，當時的組織者就告訴我們：「選票的支持不等於民主運動的參與。」然而，自由中國組黨時期並未展現民進黨創黨時期的社會動員效果。

國民黨抗拒這樣的社會力從街頭運動所展現的國家暴力，與對於參與者的司法控制中能窺探。民主運動也展現了擴散效果，越來越多元的群體出現在街頭抗爭的場域，像是五二〇事件與悼念鄭南榕告別式遊行，學生開始以一個群體的身分出現在街頭抗爭，甚至在一九九〇年造就了野百合學運。因此，我要強調的是，在台灣民主化過程中街頭運動所展現的社會力不該被忽視，即使沒有直接的影響，這些社會力也提供了政治菁英黨內決策的力量，及政治菁英與執政者談判的籌碼，加速了自由化的進程，走向民主。

此外，這些基層參與者對於民主化的認知與意義，也有別於政治菁英。

## 目標不是台灣政治轉型，而是台灣建國

他們對於自身參與民主運動的理解，與領導的「政治菁英」所存在的理念落差，使他們

雖然一起帶領台灣走向民主化，但台灣政治轉型成功後的政治參與，這兩種行動者卻走上完全不同的道路。

這段參與民主運動的過程，對這些基層參與者來說，是自我的生命覺醒對抗威權政體的故事。他們不像政治菁英有著完美學經歷作為走上政治道路的資本，他們的學歷、社會階級通常不高，除了經濟上的排除，也常常經驗到社會上的排除，成為他們反抗既有體制很大的原因。

他們不像政治菁英讀過民主或是西方的政治理論，他們用自己生活中的經驗去感知所處的社會。也因此，「勇敢的台灣人」這樣包含「勇氣」與「台灣民族意識」的號召，就成為他們的核心理念。這樣的信念與政治菁英追求民主的落差，也造成他們對於台灣民主化關鍵時間點的認知與以往我們所聽到的民主化論述有出入，像是民進黨的創立。

民進黨在一九八六年創立，被認為是台灣民主轉型最核心的關鍵（吳乃德，2013），但在訪談過程中我發現，對於這些基層參與者來說，「創黨」的意義並不大，只是他們參與民主運動的其中一個事件。

創立一個與國民黨相對抗的反對黨雖然也是這些基層參與者認同的概念，但一來，創黨過程主要是由政治菁英秘密進行，他們無法直接參與。二來剛創立的民進黨組織鬆散，資源缺乏，對這些以「行動」為主要參與方式的基層來說，民進黨成立前後，他們的「行動」並沒有很大差別（頂多就是多一張黨證）。

民進黨組織的鬆散從組織辦法制定的時間就可以看出端倪。《地方黨部組織辦法》到一九八七年五月才制定，甚至一直到一九八七年四月，民進黨都還未制定出《中央黨部組織辦法》。也因此，雖然這些基層有些已成為民進黨員，但是他們所屬的次級團體仍未進入黨的編制，也沒有受到黨的約束。

他們仍延續民進黨創黨前的動員方式，除了黨主辦的行動，有很高的自由度來決定參與什麼行動。事實上，地方黨部成立之後，這樣的現象也沒有改變，地方黨部的幹部也曾經針對活動聲援的基準與黨中央進行溝通，由此可知當時地方黨部的自由度仍然很高。

一九八六至一九八七年自由化時期所興起的街頭運動，對於這些基層來說有更大的意義。因為街頭運動的特性使他們能參與，找到自己的舞台，直接「正面」與國民黨對抗。他們終於有一個場域能成為主角，展現對抗國民黨的「勇氣」，像他們所認同的政治菁英一樣勇敢，對他們來說，這才是「勇敢的台灣人」的表現，也是他們所追求的最高理念。

除了「民進黨創黨」與「街頭運動蓬勃」，這兩個台灣民主化過程中的重大事件的意義有別於政治菁英。「民主化」對於這些基層來說，也只是階段性目標完成，對他們來說，民主並非他們參與民主運動的最終追求的目標，台灣獨立才是。

也因此，民進黨結束群眾策略，走向選舉總路線之後，對於這些相信街頭路線的基層參與者來說，他們認知中的運動目標並未完成，無法接受這樣的轉向。他們有一些在這時選擇跟隨台獨運動的知識份子離開民進黨，繼續以社會運動的方式進行台獨運動，像是台建組織與北基會解散之後的群眾雜誌社。

「妥協」選舉路線的基層參與者，有些繼續留在民進黨內進行基層工作。他們多成為民進黨地方黨部重要幹部，但是民進黨地方黨部由地方上原本的次級團體合而為一，不同勢力也在其中角力，他們不一定能有主控權。加上民主化之後參與民進黨的人越來越多，這些組織者也會漸漸面臨淘汰。

更多的基層參與者少了街頭的舞台之後，也限縮了他們參與政治活動的空間，使他們淡出政治活動。

## 歷史的玩笑？

台灣的民主化成功了，對於政治菁英來說，他們的目標真的達成，所以他們開始進入體制，與國民黨在逐漸公平的政黨政治運作下競爭。對大部分的基層參與者來說，他們的目標還沒達成。他們始終認為自己參與的是台獨運動，建立台灣共和國才是主要目標，但是他們被迫離開街頭的舞台。

這是歷史給他們開的玩笑，目標的不同使他們感覺遭受極大的背叛。這些基層參與者真的笨嗎？他們的確是受到政治菁英的欺騙。王甫昌的研究已經告訴我們，民主化無法號召群眾。也因此，政治菁英必須繼續運用這些台灣民族意識的建立，來號召群眾參與台灣民主化這段過程。這些參與的基層，以為自己是為了追求台灣獨立而努力，付出時間、金錢、穩定的工作與人生道路，走向民主運動的參與，到頭來，他們卻在政治菁英達成民主化的目標之後，黯然地走下歷史的舞台。

但是，他們的努力還是造就了台灣民主化，這是台灣民主化的獨特之處。特殊的歷史背景使台灣出現一群誤解他們參與民主運動目標的群眾，由這些人與政治菁英一起完成了台灣民主化。對於這些基層來說，他們也成為民主化過程中的一種「犧牲者」。

政治菁英並不是不認同台灣民族意識與台獨，但他們擁有的視野告訴他們現階段只能以民主化作為目標，政治情勢的轉變使他們必須用不同的方式達成理念；但對於基層來說，這樣的想法是一種對於理念產生現實的妥協，這群在社會生活嘗盡各種社會與經濟不平等苦難的人，卻選擇堅持理念光譜中最崇高理想。

Wolf（2003）在《歐洲與沒有歷史的人》一書中，給出了這樣的結論：「在歷史的措辭中，與歷史有特權關係的人，和那些沒有歷史的人，遭遇共同的命運」。Wolf 講的是資本主義的故事，當然無法直接拿來套用。然而，他的結論倒是提醒了我們，在台灣民主化的故事中，也有兩種人有著完全不同的命運。

## 小傳

## 廖耀松

◆ 廖耀松／王志元攝影

「我一九四七年出生，所以我都自認，我是二二八的冤魂來轉世的。」

這樣的認知除了年份，也因為廖耀松就是出生在二二八事件爆發點附近，從小在大稻埕長大的廖耀松，卻一直到三十幾歲時，才知道二二八事件、才知道自己成長的地方附近，發生一個影響台灣如此大的歷史事件。這樣的衝擊，廖耀松不是例外，幾乎是那一輩台灣人的共同生命經驗。

大稻埕出身的廖耀松，就讀日新國小，日新國小還有一名很有名的校友，就是謝長廷。沒錯，他與廖耀松是同學，對於參與民主運動，

◆ 一九八六年九月民主進步黨圓山創黨，背後的民進黨旗幟為廖耀松製作／邱萬興攝影

廖耀松有一個情緒在，就是：「我的同學（美麗島事件）都敢出來當辯護律師了，我也不能輸！」

謝長廷後來出來選舉，投身政治，廖耀松也不斷用自己的方式投身民主運動。曾因朋友介紹跑到台南助選，他的主業是印刷設計，因此也參與許多黨外雜誌影印與設計的工作。一九八六年民進黨創黨時，他就負責會場布置，也是創黨黨員，不管是街頭還是各個民主事件中，廖耀松的身影不曾消失。

但廖耀松最引以為傲的，其實是北基會的成立。北基會成立於一九八七年，全名是台灣民主運動北區政治受難者基金會，廖耀松曾擔任會長。北基會的成立，承接了當時風起雲湧的街頭運動中很重要的一塊，尤其是參與街頭運動後的被官司纏身、入獄的參與者，他們家庭的善後及安置。

為什麼這很重要呢？想像一個當時民主運動參與者很常遇到的情形：

你收到了哪一天要上街頭的消息，可能是在某個服務處跟朋友們泡茶聊天時，當天本來可能有個工程要做，心想那就算了吧跟工頭說一聲，台灣的前途重要，上街頭之後，這些原本常在服務處的同志比較受到信任，擔任舉旗、拿牌子相關工作，當然走在最前面，忽然警察出現，把隊伍包圍，說要換路線。他們根本沒有道理，接著警察開始灑水，然後突然頭上一震，原來是警棍，上面的宣傳車一直叫警察冷靜，大家全力恢復秩序，開始唱歌，先唱〈台灣人出頭天〉、〈綠色的旗〉，直到總指揮宣布解散，而當你疲憊地回到家，擦個藥、養個傷，沒過多久，卻收到了傳票……

◆ 一九八八年廖耀松（左三）聲援蔡許案／邱萬興攝影

傳票對於政治領袖來說，可能是認證，一種政治籌碼。但對基層來說，是一種長期折磨，律師費、開庭對生活的影響、對工作的影響，甚至是人際關係的影響，也因此，有了北基會的出現。北基會主要的工作就是關懷在民主運動中被提起訴訟，甚至坐牢的同志們，有義務律師、也會給家屬及坐牢的同志們慰問金，承擔起民主運動中最尾端的照護功能，使這些勇敢上街頭的同志，在出事時能有支持，而不是獨自面對及承擔。

◆ 廖耀松／廖建華攝影

這些司法案件多是妨礙公務等等判刑幾個月的小罪，被認為是國民黨政府抑止群眾上街頭的一種手段，讓你知道上街頭的教訓，家庭可能失去經濟來源、老闆朋友只知道你坐牢，知道多一點可能認為你是激進的「暴民」，不管是哪一種形象，都不是主流社會中受歡迎的形象。

如果在這種情境下，如果沒有像北基會這種基金會的關心，這些在街頭犧牲的參與者會面臨什麼樣的經濟困境、家庭及社會壓力呢？北基會減少了民主的追求所造成個人生命的苦難，多虧一群人努力募款，在民主運動及工作生活之餘運作基金會，他們的努力也是民主運動中不能被忘記的，就像廖耀松這樣的行動者一樣。

# 第二章
Chapter Two

## 焦點：紀錄片主角訪談

# 走上街頭的文藝少女——曾心儀訪談

◆ 曾心儀／王志元攝影

## 外省與本省的底層家庭

在我印象裡，父母總是處不好，但直到我念高中，他們才離婚。我爸爸是江西人，跟著國民黨來台灣的空軍，媽媽是家庭主婦，台南人。台灣人都不願意女兒嫁給外省人，聽說他們婚禮女方都沒人出席，可是他們還是結婚了。

一般人認為軍中生活安定，可是軍隊也有階級分別，位階高的將官生活很好；我爸爸只是上尉，日子一直過得很不好。有段時間，我媽媽幫人家洗衣服，到人家家裡幫傭，爸爸則在家裡養雞。

即便增加這些工作，還是無法維持生活，雖然軍隊每個月配給米條，卻也都拿去賒債，反而要發米時，又要跟人家借米條領米。印象中，每年過年，債主都跑來討債，父親就會和債主大吵一架；可是我爸爸總是想盡辦法擺平事情，繼續帶著我們過除夕，他對傳統節日的觀念很重。

家裡狀況最糟時，是因為我最小的弟弟。他生了病，好像是腦炎後遺症，才五六歲吧，手腳就因為麻痺不能動；雖然住進空軍醫院，但真能治好疾病的藥物，醫院沒有，公家不給，要自費，因此四處欠債。再加上住家由泥土、竹子跟稻草混合建成，住久後，到處都是破洞；前門、屋簷都傾斜，樑也斷了，颱風來時，都要卡車載我們到小學躲颱風。

因為實在不能住人，我爸爸有跟上級申請，希望能改建或配給其他房屋，但都沒有下文。應該說，上面的人就是不管你的死活，我爸爸只好想盡辦法借錢整修房子。就這樣，為了修房子、為了我弟弟的病，我們家就此欠債，現在想起來，那個錢也不多，只是三萬塊。當然，那時的三萬塊，比現在大多了，影響到我們很難撐住，所以媽媽又到外面幫傭。看到爸爸跟弟弟大雨天還去送報紙，我也沒心情念書，就休學了。那時很叛逆，第一個就是不相信國家、不相信社會，說什麼反攻大陸，外面歌舞昇平，根本沒有那個樣子。這麼說唯一的理由，就是要壓低軍人待遇，如果讓軍人生活過得好，就沒有反攻大陸的意志。

在這種狀況下，我高二休學後就開始找工作。一開始當一般店員，後來知道如果在百貨公司站櫃台，薪水較好就換了過去；之後又發現若是賣化妝品的美容師，待遇更好就接著換。一直到後來，我想盡辦法用站櫃台的錢補習幾個月，考上大學夜間部。但我念大學時就開始助選，本想放棄，後來想說，以後想辦雜誌、想要有間出版社，那一定要有大學文憑，我就忍耐到畢業。

後來那張畢業證書還是有用到，我借給鄭南榕辦雜誌，因為他沒有大學畢業證書，辦雜誌的發行人要有那張證書。他弄了好多備胎，找來好多朋友的大學畢業證書，申請不同的雜誌名稱。鄭南榕不太講話，常抽菸、喝咖啡，咖啡喝那小小很濃的一口，不加糖，就這樣子坐著。他想講話的時候，就講得很幽默，讓我們都笑得要命。有天，他拿一疊鈔票給我，好像說我掛名發行人，意思意思，但我退還給他，沒有收。

## 擁抱孩子·只能在夢中

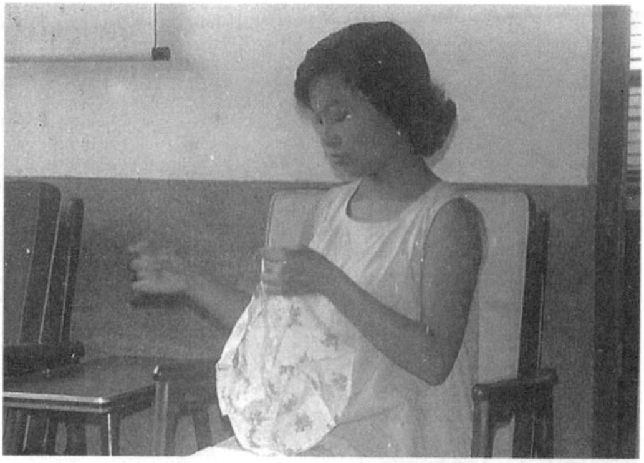

◆ 曾心儀為孩子做衣服／曾心儀提供

高二休學後，我去補習時愛上我的補習班老師，那時是自由戀愛，他是大家公認的好好先生。婚後，主要問題來自與婆婆的摩擦；前夫是獨子，當時我覺得婆婆控制我們、把我管得喘不過氣。

前夫家都是忠貞的國民黨員，尚未離婚時，我已經開始投稿給台大的《中外文學》。那篇〈忠實者〉，就是我看到選舉時，國民黨內部的動員、配票，當選後國民黨的人如何鬆一口氣，用一種反諷筆法。刊出後，我先生就把書摔在地上。

本來他很喜歡我熱愛文藝、寫作，當他看我那時批判國民黨，他覺得我好像在叛國、反叛什麼的，那是非常強烈的對比。在文藝圈裡，前輩作家都很照顧、愛護、鼓勵我，我文章一篇篇寫，寫到後來出書，未曾停止，那是我一生的志業，與前夫家庭差距過大。

我感到孤立，生活枯萎，從談戀愛到結束婚姻，前後大概七八年。我很愛我的孩子、很

◆ 曾心儀與兒女／曾心儀提供

捨不得離開，但我無從選擇，只好離婚；那年，女兒要上小學，兒子才四歲。

這件事影響我很深，孩子在我的人生裡是最重要的。我曾有許多年，每個月都有好幾次，夢見回到原來的家，跟小孩說：我們在一起了，不會分開了。接著幫他們洗澡，同樣的夢一再重複，我總是很高興終於重逢了。如此多年，因為白天我無法看見他們，於是我變得很喜歡藉由入夢來與他們相見。

離婚後，我婆婆覺得我很可怕，有時他們從報紙看到我參加的活動、看到大的事變；於是婆婆說，我是一個很危險、碰政治的人，深怕會影響到她的孫子，就不讓我們見面。要我等到孩子念大學時，再跟他們碰面，所以他們長年不跟我聯絡，我也不知道其實他們早就移民美國。基於尊重婆婆，我也就守約，以前也就沒有找他們。

直到我父親在一九八九年年底去世，我覺得很不孝，父親去世，自己的兒女都不知道，也沒來奔喪。我就借此機會，用喪女身分，跟戶政單位要前夫搬家後的地址。我下定決心要找他們時正在當記者，一兩天就查到消息。那時，我媽媽要到美國看我妹妹，我便跟著去看他們一次；之後二十幾年，直到現在，女兒都不跟我碰面，她說不要讓她的祖母生氣。不久前，十一月時我媳婦用臉書私訊告知，婆婆已車禍去世；這麼多年，到最後女兒的祖母去世那時候，我才覺得我的人生，好像能銜接回以前少女的時代。

◆ 曾心儀與兒女／曾心儀提供

我的孩子一個叫儀，一個叫心，我選筆名時就選了心儀。去領稿費時，大家比較知道我的筆名，就把筆名改成本名。我原來叫曾台生。

## 文學轉彎政治路

我很早接觸文學，約莫是國高中階段。十七八歲去補習班補英文，由同學介紹認識他的室友黃道琳，他那時在讀建中，帶我看了很多書，文學、藝術等等，在很多方面啟蒙我。後來他考上台大讀人類學，最早就是他跟我說，學校有特務，但我都不相信，那時我對政治就是一張白紙。後來隔幾年我們再碰面時，才知道他也在台大哲學系事件被警總約談，那次約談後，他就變得很封閉，不太跟外面接觸。他對我影響很深。我最喜歡的書就是他翻譯：《結構主義之父・人類學家李維史陀》。我偶然得知黃道琳英年早逝，覺得自己少女歲月的燦爛時光也跟著掩埋，留在生命深處。

我曾寫過一篇文章，起因於那時三重有一位罹患精神疾病的太太，先生已逝，某天半夜她把小孩一個個揹出去丟進河裡淹死。要揹年紀較大的小孩時，孩子驚醒才被發現，但已經死了好幾個孩子。那時報紙報導篇幅很小，我很難過於：怎麼能怪她呢？她自己是一個病人，一個精神病患，沒有能力照顧孩子。我就自己去找他們家的地址，想要關心，這是我第一次做報導文學，寫成一篇〈誰之過〉，是我最早期在《夏潮》（民國六十六年八月號）投稿後刊出的文章。那影響我滿大的。之後，我大概都朝弱勢這方向採訪報導。

◆（右起）曾心儀與楊逵／曾心儀提供

◆楊逵／曾心儀提供

◆楊逵與東海花園／曾心儀

一九七四年，我的小說〈忠實者〉發表在《中外文學》，文藝界開始比較重視、鼓勵我，覺得我有潛力；後來聯合報第一次小說徵文，我寫了一篇〈我愛博士〉入選，引起討論。一九七六年，我已經認識《夏潮》，也剛好認識出獄的陳映真，又開了一扇門。認識陳映真、尉天驄、王拓，還有與陳映真同案的政治受難人畫家吳耀忠，寫作上就有所轉變。以前只寫一些文藝、散文的，這時開始比較有社會意識，想要為基層、底層、弱勢發聲。早期的《夏潮》，也讓我初識台灣自己的作家，日治時代的賴和、吳濁流、楊逵這些前輩。鄉土文學論戰前，我跟朋友去拜訪過楊逵的東海花園，也見到他的孫女楊翠。

另外李元貞當年帶她淡江的學生，把我的小說《彩鳳的心願》改編成話劇，在南海路的藝術館演出。李元貞老師成了我一生的好朋友，她是台灣婦女運動

◆ 曾心儀（左一）採訪孫立人將軍（左二）／曾心儀提供

彩鳳的心願
◎小說「彩鳳的心願」經婦運健將李元貞
教授改編爲話劇演出。

◆ 曾心儀在台北市南海路藝術館／曾心儀提供

推動者，對我有很大的啟發，讓我了解我在婚姻中的枯萎是傳統桎梏，我並不孤單；也鼓勵我成為一個有自主性的婦女，了解女性主義不是貶抑男人，而是一起成長，是要達到男女平等。

在李敖出版社時，李敖請我做孫立人將軍的翻案報導，我也跟孫立人合照。採訪孫立人將軍的過程，我得到李敖先生幫助，不然，我根本不可能接觸到孫立人將軍和那一大票孫案受害官兵，以及那麼多受害老弱婦孺家屬。最特別的是，李敖先生很信任、尊重我，破例讓我自由走進他的書房和藏書室，讓我看到很多他珍藏、收集的文史資料；這方面的文思增長，對我追求人權的奮鬥有深遠影響。也讓我了解近代史，國共鬥爭的慘烈與糾葛不清的宿怨、欺世盜名；從而不斷思考，個人的人生價值抉擇。正好反映在我與李敖先生相處，有著不平凡的友誼，並不受政治立場影響。

鄉土文學論戰尾聲，立即接上一九七八年中央民代增額選舉，陳鼓應邀我幫他助選，就這樣接觸政治、黨外。助選後，又是美中建交、跟台灣斷交，就停選；停選後，馬上是余登發被逮捕的政治事件，很快又發生美麗島事件，我都在那個暴風圈裡。

以後，我就是關心社會，也把文學創作或我知道的藝術方法，帶進報導文學。採訪詹益樺生前的事蹟，那是一生裡，我覺得最有意義的事。

◆曾心儀替陳婉真、陳鼓應助選／曾心儀攝影

## 心底創傷幽影・警總約談

美麗島大逮捕時，我住在永和，甩不開的警備總部鎮日跟蹤，我只好閉門不出。十二月三十號早上，有人敲門，我媽媽應門；一個很漂亮的小姐要找曾心儀，我一看不認識，就知道是來逮捕了。我問她是不是逮捕，她說是約談，約談跟逮捕不一樣，但我不信，就問她是哪個單位，答案是警備總部。我跟我媽說，他們是來抓我的，我媽媽嚇得臉都白了，可是我也非走不可。

走出門口看見黑頭車，裡面有司機，還有幾個壯漢。車子就這樣駛過永和的中正橋，開到博愛路的警備總部，我走進保安處；那金黃的字，映照的是恐怖的感受。那時想說大概要被槍斃了，心裡完全放棄生還的希望。

約談就是疲勞審問，在二樓一個有廁所的房間，一直重複問同樣問題，我說你剛剛問過了，他就凶我，因為好幾個人坐在我四周，就說你繼續講，反正不讓你休息。會給我喝水，中午和晚餐時，有一個老兵帶我到他們樓下的營區吃飯，吃完再繼續。

我還記得老兵說：這個陳婉真在美國這樣鬧，她回來的話，我要好好修理她。那時很替陳婉真擔心。我記得很清楚，就好像昨天才發生的事。一直問到凌晨，他們說要放我走，我還不敢相信；因為很多人都被騙，根本沒有找家人來作保，可是他們說有打電話讓兩個弟弟來作保。

他們開車送我，說我弟弟坐在後面的計程車，就真的帶我回家。直到置身家中，我才相信真的被釋放了，可是也不曉得何時會再回來抓我，完全不相信他們。我媽媽說，我被帶走後她一直念佛，祈求佛會保佑我回來。這種創傷，當時不覺得有多大，直到最近才知道，經過那種事傷得太重了。二〇一〇年，工人作家楊青矗鼓勵我申請「戒嚴時期不當審判恢復名譽證書」時，才知道當年警總約談我，說由我弟弟作保、坐計程車跟我回家，都是騙術，把弟弟當人質恐嚇我，那天弟弟根本沒有去警總作保。

林樹枝出了一本叫做《大逃亡》的書，他很早就跟我約定，邀請我參加他七十歲的慶生會，我真的很想要去替他慶生；但約好那天我完全走不出門，整天躺在床上，覺得自己快要死掉完全不能呼吸、心臟快停。我以為阿扁選上總統，都連任了，變化如此巨大，過了這麼多年，很多事情早該過去。直到那次我才知道，傷這麼深，連參加一個聚會我都走不出去。

正好二〇一五年過去，好多事情在這年總結。我現在已經沒有體力，再跟年輕人喊啊衝啊，可是林冠華燒炭自殺時，我還是衝去教育部。原本以為我不想管了，還是翻那個圍牆、翻那個鐵絲網；我以為我最柔弱，不能再做什麼事，可是如果碰到這些可愛的孩子，為理想獻身，好像我剩下的生命，還是可以衝出來。

## 消逝於鐵絲網上的生命

一九八九年詹益樺自焚事件也影響我一生。

鄭南榕自焚後，治喪委員會開會時，我們一些基層無法上去開會，都在樓下靈堂守靈。但總有辦法知道開會的消息、進度，那時大家希望說，出殯遊行一定要經過總統府，後來聽到委員會說要從景福門繞過去，只要看到總統府就好。這件事情很多基層很生氣，有些人決定那天一定要衝，甚至寫遺書，我也寫了。就是說，有這麼一群人，為了紀念鄭南榕，願意不顧生命，在出殯遊行時就是要衝了。

我想說能不能經過總統府是一回事，我個人可以先衝一次，對自己有交代。我跟時代雜誌的一位攝影說，明天我要帶鄭南榕遺像去衝總統府，你幫忙跟著我拍照，我被逮捕的話，你就知道我被逮捕到哪裡。我就一個人從北一女那邊走過去，就衝；那時有一個指揮的站崗台，我就站上台拿出鄭南榕遺像，我穿的衣服上也有鄭南榕遺像。我上台後，便衣人員跟軍警才突然發現，一起跑過來架我，整個過程就被時代攝影記者一路拍，我被拉到警察局。

我到警局時保持沉默，隨便他們怎麼處理，結果他們打電話到永和找我媽媽保我。當時我媽媽還在幫我妹妹帶小孩，她就帶著外孫趕來；管區跟著，要把我們拉回永和做筆錄。我那時根本不甩他們，跟我媽講說，不用管他們，就直接衝回靈堂，警察也沒有追上來。

這個行動就讓一些死黨，話傳來傳去，大家都很稱讚；還有人過來說，妳要做這件事，為什麼不事先講，我們大家一起衝啊！後來當天他說，出殯會有一個激烈行動，我就很小心。

本來，一九八九年五月十九日鄭南榕移靈出殯那天，我應該站在規劃好的婦女隊，可是我知道會有行動，就站在靈柩後面的家屬隊。結果，那天無預警又冒出陳婉真翻牆現身，陳婉真是我的好朋友；她一現身，我又想保護她，當天就是出了這兩條線。

現場遊行隊伍走到景福門時，就有人說，前面不知燒什麼東西在冒煙，大家就地坐下。我離得比較遠，不知道什麼事，以為是諷刺劇，前面的人跑來說，「阿樺、阿樺燒死了！」。我還不相信，想說只是惡作劇地戲謔一下，結果那個人哭得很厲害；但我們因為下雨，很守秩序地被指揮系統指揮說就地蹲下不能動。我跟旁邊一個記者交換眼神，他就告訴我是死了。開始我以為是政治犯黃華，後來知道是詹益樺，我實在不敢置信；然後我看到有些人開始想要衝，我那時很難過，不希望死了一個，又再有人死，都是自己的朋友。

那時已經不去想什麼路線之爭，只想說不要再死人、不要再死人。指揮系統是主流派，有最多資源、最大權力。主流派就叫大家坐下、坐下，不准衝。好不容易鎮壓下來，一個個不能衝、垂頭喪氣。

跟著家屬遊行送別南榕靈柩，走到羅斯福路，家屬以外的人群返回總統府前面靜坐隊伍。我去到現場，詹益樺已被抬走，只剩下鐵絲網在那裡。我有很多走基層的死黨，消息靈通，有人過來說，詹益樺的遺體現在在台大醫院太平間，等下會送走，妳要不要看？那時已經很晚，我趕緊跟著他到太平間，平常我絕對不敢走那條路；那時一點也不怕，一心就想要去看他。抵達時，有一些基層朋友都已經到了，他躺在停屍床上，蓋著白布。

我跟這些死黨都很熟，很客氣地拜託讓我看他，他們就把布拉開。我看到他本來有落腮鬍，都燒掉了，身體表皮也燒掉，白白的；猛一看好像胎兒，後腦有一灘血，害怕又痛心。這一瞬間是思想的連結讓我想到生產，痛苦的過程生出來的baby，就好像這樣一團。我就是這樣，老是想著孩子，把這個思念帶到社運裡。又聯想說，如果我的孩子碰到災難、不好的事，我希望旁邊有人能救他、拉他一把；也基於這種心理，我看到能盡力幫忙的，我也都會去做。

我想說詹益樺都獻出生命，可是好像很多人不是很了解他，我也只稍微知道一點。就想說，至少要到他最喜歡的高雄縣農權會，去他住過的地方，生前走過的地方，做些什麼事，寫一些追思文紀念。我以為去個三天、一週就會回來，可是沒想到我一南下，越看越多，去了五年。

## 初識詹益樺

我會認識詹益樺，是鄭南榕被朱高正打得頭破血流那一次。

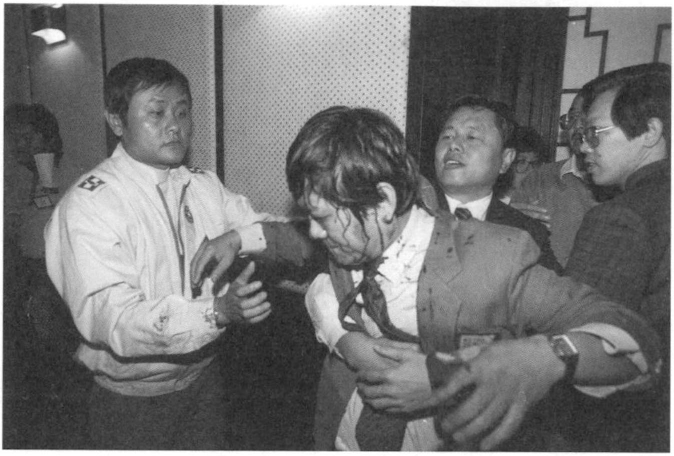

◆一九八七年民進黨二全會，鄭南榕被朱高正打／謝三泰攝影

那次是民進黨開全代會，有人送台灣獨立展望的書給鄭南榕，他就把書送給黨代表，希望民進黨支持台灣獨立。那時許曹德、蔡有全已經被關，我們也在做全島的聲援遊行，當紅的朱高正就說議事規則行政中立，不准鄭南榕發書。鄭南榕就過去說，我替台灣人打你，就打他耳光；朱高正馬上摔椅子，身邊大群保鑣一起打鄭南榕，打得頭破血流。

我前一天才從外地遊行回來，本來想在家休息，比較晚到時代雜誌。我到雜誌社後，鄭南榕的秘書阿娟說，妳現在才來啊，南榕在房間裡，頭破血流。我說怎麼回事，他們告訴我這件事後，我覺得我們拿鄭南榕的薪水，跟他一夥，怎麼一點動靜都沒有。我跑到國賓飯店現場，就站著不講話、不喝水、不上廁所，也不吃東西。我去的時候是白天，我這樣一直站了二十一個鐘頭，站到第二天，我說我要站到民進黨全代會結束。

忙著選舉的全代會毫無反應，我那天站得很痛苦，還是硬撐。詹益樺跟阿娟就在旁邊照顧，詹益樺拿毛巾給我擦汗，拿水給我我不喝，他就在我旁邊走來走去、徘徊。我後來才知道，他本來不喜歡我，他說曾心儀是外省人，他不喜歡外省人，可是我做什麼事的時候，他還是很照顧我。

詹益樺在運動裡非常積極。他經歷桃園許信良回台的接機事件，被軍人抓到軍營裡打得很慘，那時他就說，以後不要再受這種汙辱。以後他要做，就是奉獻生命。他也參與五二〇農民請願事件，後來變成流血衝突，他就拆下立法院的招牌。

他跟蔡有全感情很好，當蔡有全被關，他就很生氣。蔡有全坐牢時有聲援會，他就專心聲援，每天跟著周慧瑛幫忙。L說，他相信詹益樺是真心要為台灣奉獻生命，他看到詹益樺每次運動、抗爭時，那種氣，自己悶著坐在那邊，是真的願意奉獻自己的生命。

詹益樺個人確實如此。我知道詹益樺不是走體制路線，雖然他很崇拜邱義仁，邱義仁走體制路線，反對革命、流血。可是詹益樺在社運上被這方面強烈吸引，他有個外號叫「巴游[24]」，那也是台灣革命史上一直存在的問題，路線之爭，主張流血革命的，覺得犧牲不夠。

24　巴游：「巴基斯坦游擊隊」的簡稱，即是主張走革命路線的意思。

困惑・生命與革命

鄭南榕自焚對我們的震撼太大，雖然我們這麼多人都留了遺書，可是我們的思考沒有到詹益樺所準備的層級。有人以為他準備汽油，只是要丟汽油彈，沒有想到要自焚；他汽油背包的設計，根本無可挽回。那是一個氣墊，如果汽油全部灌入就會下沉，他還找裁縫師傅車過，讓油流下去可以平均，只要刀片一割、點火，就會整個燒起來。現場的人想要救，拿雨傘、竹竿、抗議布條、甚至棉被，本來棉被是想要墊在鐵蒺藜上，衝總統府的，整個鋪在他身上也沒辦法。有一段時間，我知道汽油背心的設計後，只要看到冰墊的墊子，都很痛苦。

◆一九八九年鄭南榕自焚現場／謝三泰攝影

當時現場有人跟我說，詹益樺留了三封遺書，一封給邱義仁，一封給媽媽，一封給蔡有全。當時蔡有全在牢裡，我想我跟蔡有全、他太太周慧瑛都很熟，我應該要幫忙，才一點一滴知道自焚

◆ 一九八九年詹益樺自焚照片／潘小俠攝影

計畫的部署。我那時看到誰都問，也去問過林濁水、吳乃仁，也問過基層，就是變成我的一個問題，一直問；最明白的就是L，詹益樺在籌畫自焚時，他有跟L商量。L說，詹益樺拿著汽油袋擺到桌上，問他這樣夠不夠燒死。

當時，L在阿樺自焚後的隔天早上打電話給我，說他有一些阿樺的東西，希望我幫忙處理。那時我忙著要跟另一個社運人士碰面，我說你等一等，我會再跟你聯絡，可是當我忙完，竟然看到報紙刊出詹益樺的遺書。我在總統府現場已經聽到有人說，詹益樺有留三封遺書，想說為什麼遺書會讓報紙登?我就聯絡L，跟他說為什麼不等我?為什麼?他說因為你不能馬上見面，這個東西很棘手，燙手山芋，他就趕快叫人丟出去。

我很不能諒解L。L說阿樺事前找他，他也看過背心的汽油，甚至問L說這樣夠不夠燒死，L說夠。L沒有反對詹益樺做這件事，因為詹益樺常跟人吵架，做什麼事都不如意，沒成就，沒女朋友又窮，L這樣講。我覺得變成我一輩子的負擔。如果我們做得更好，如果南北社運間有很好的交流，真的是彼此支援，不會有這個隔閡，不會有北部的人說，詹益樺是這樣子。

我在南部採訪時，詹益樺南部的好朋友阿賓，已經聽到這些事。阿賓很生氣，他說阿樺在南部有他的世界，我帶著他跑，他的世界朝氣蓬勃。阿賓不能諒解台北的人沒有搶救阿樺，雖說詹益樺一心想死、想自焚，就是走革命路線，但阿賓說，一個人要自殺，旁邊的人打他兩巴掌，他也會醒。

一路過來，內心衝突與糾葛巨大，負擔也大。這些人都是我的好友，我一直想著社運到底怎麼了，怎麼會這麼冷酷？一個人要死，卻沒有去阻擋他。就變成很大的困惑，對於生死、對於自殺的困惑，對於自殺跟自焚之間的區隔是什麼，我研究了很久、想了很久。

很長一段時間，我都沒有講出L告訴我的這些。以前，很怕引起朋友間的誤會、糾紛。L生病過世後，我慢慢沉澱，覺得說出這些不會對不起L，因為詹益樺犧牲層面更高，真相應該更有價值。

在詹益樺死後的第二年、第三年，只要有大型街頭抗議，有人就想藉場子自焚。我又聽到阿騰[25]想做就去擋，有次就被我擋到了。我擋的時候，還有人不諒解，以為我是抓耙仔；就問我說怎麼知道，我講出消息來源，他們才相信。阿騰的那次我擋下來了，可是他一直放在心裡；最後阿騰還是選擇在五一九時，在蔡有全家庭院上吊。阿騰死得很落魄，窮困潦倒，完全沒有彰顯他原來想像的那種衝突、想像的意義。這已經是過好多年後的事。想走革命路線這一票基層，就是有股火烈的情緒。

我受到阿樺的朋友R（已去世）託付說，這些基層朋友不會寫作，也沒有那個文筆，希望我寫作彰顯阿樺為台灣奉獻生命。我自己也覺得阿樺做出超乎我能想像的犧牲，所以我不會不管這件事，一定會寫一本紀念書。我不當新聞寫，無法一兩天完成，要籌基本生活費，借錢或預支教學費，請人贊助。花一段時間，一直到年底才寫好，也碰到文藝界的朋友許振江，有出版社的詩人、小說家，一些朋友願意幫忙出書，這本紀念書能出來實在不容易。

25 阿騰：全名陳東騰，與詹益樺同為基層工作者。

## 與權力的距離

我並非故作清高，我也曾沾過權力。像是當立委或議員助理，離權力很近，有些人當助理就能拿回扣，一個月多少萬，他老闆也不是不知道，這種事我沒辦法做。有權力就有腐化，在台灣要當一個權力者，很難乾淨；所以有人就打折扣，說一套做一套。

我也兩次被報社解雇，連資遣費都沒有。如果說回到過去，我如果要過好一點的日子，就妥協做個記者。但我做記者時也不妥協，並不是說我不做官不妥協，我做記者也不妥協。我很早就能進入大報，可是我成為黑名單，後來靠文學界朋友介紹進到民間的民眾日報，但連民間的報社都沒辦法待。可能因為我還在報社時，就去幫黨外寫稿和參加黨外活動。我覺得該做也能做，沒想到參加活動回來，報社就貼一張紙開除我了。

我能進入民眾日報，是文藝界朋友、鄉土作家陌上桑，介紹我和李筱峰到台北辦公室採訪組，李筱峰跑立法院國會新聞，我跑教育部文教新聞。那時我還在文化大學念夜間部，我很珍惜這個機會，差一點要辦休學。我跟採訪組主管商量，稍微早一點交稿，讓我可以去學校上課。學校在報社附近，我有時坐計程車趕場，就這樣半工半讀。

◆曾心儀遭特務跟蹤／曾心儀提供

◆一九八七年停選，施明德、曾心儀南下商討恢復選舉／曾心儀提供

美麗島事件發生後，情治單位到學校調查我，課輔老師把我帶到學校辦公大樓樓上一間房間，單獨問了很久，我想那裡有錄音設備。那段時間，施明德在逃亡，有兩位後來被黨外視為「抓耙仔」出賣施明德的先生，一前一後來教室、學校門口找我，問我施明德在哪裡？我真的不知道，我自己都被情治單位跟蹤監視。我那時還沒有聽人說，向我問話的人是「抓耙仔」，我自己沒有錢，還給其中一個在「跑路」的一千元，略表心意幫助他。他是施明德在美麗島雜誌工作時的貼身難友，後來聽說逃到泰國。

有天，我才走進報社辦公室，主管就說：管區警察來過，要我去一趟警察局。我不知道去了會發生什麼事，是不是一去不回？就跟一位同事交代後事。到了管區警察局，一位主管問我近況，然後對我說：我的資料被移送到這裡，因為報社最近搬家，他們要我去報到。之後就讓我回去上班。我是被學校和報社兩頭盯住的黑名單。

◆（左起）曾心儀、艾琳達、李昂／曾心儀提供

甚至，我幾次搬家，鄰居和家人都受到管區警察拜訪，要他們當線民，報告我的行蹤。

我被民眾日報開除過兩次。第一次是陳文成事件發生後，報社受到壓力，我和李筱峰被調離採訪組，給了一個「行政組督導」的空名，沒事做也沒薪水。李筱峰就離開報社，專心做歷史學者。我隔了一段時間向報社申請復職，被批准。我一直有參與黨外活動，替黨外雜誌寫稿，當志工校對。我無法忽視黨外朋友在坐牢，我也在為自己的生存、工作爭取權利。

第二次是我聲援「蓬萊島案」。「台大哲學系事件」中出名的台大職業學生馮滬祥，控告陳水扁、黃天福、李逸洋在蓬萊島雜誌刊登他「以翻譯代替著作」的文章，涉嫌誹謗。我拿到反共著名學者鄭學稼親筆眉批馮滬祥「以翻譯代替著作」的證據，法庭不採納。黨外成立聲援會，一個接一個到法院「自首」是該篇文章作者，晚報刊出我的名字。當晚，我走進報社就看到牆壁貼了張告示，說我「辭職照准」。我跟主

◆ 一九九六年曾心儀（右二）在建國廣場／曾心儀提供

◆ 一九九六年曾心儀在建國廣場畫畫／曾心儀提供

管還有採訪組的同事說：我沒有辭職啊！同事對著我苦笑，主管說：上面有壓力。

我沒有拿到任何資遣費，就被迫離職。我參加工運，也有工運同志建議我行使抗爭權，不達目標就一直抗爭。可是，我生活馬上面臨問題，毫無奧援。我當下做的決定就是到黨外雜誌上班，就這樣成為鄭南榕創辦的時代週刊專職記者，一邊當記者，同時做黨外運動。跟著運動成長。我看到的狀況是，大部分人還是弱勢且脆弱，還是很少人做基層與草根的工作。所以，我會選擇這麼大一塊需要人手的地方，而不花時間去跟那些有權勢的人攪和。還有一點，即使我妥協跟權力者在一起，我很快也變成弱勢然後報廢。

離開報社後我最不堪回首的是，代表建國黨參選一事。大家會參加建國黨，是當時一派人對民進黨不滿，我也因此離開。後來當阿扁要選總統，建國黨的檯面人物就說我們要

◆ 曾心儀為陳水扁助選／曾心儀提供

◆ 曾心儀為陳水扁助選／曾心儀提供

支持阿扁，全部又回到民進黨。

那時我就對民進黨不滿，然後可以說是誤判情勢，以為做運動需要有公職，有公職才能有資源。好像早期的黨外，要做運動就要有一本雜誌；變成說做運動就是要有公職，用公職來吸收資源。後來發現，真的很像日本的神風特攻隊，把自己當作自殺炸彈。搞選舉不可能像建國黨那種選法，毫無樁腳，一定輸的，只有社會上一點點理念的空氣票。

那次參加選舉讓我看到最可怕的是，一說要選舉，連服務處都還沒確定，各方人馬就進來開始搶食，以為這是一塊肥肉。還好選輸了，如果選贏，那這些各路人馬，也跟你一起到國會殿堂裡繼續吃。

因為那次選舉我也背了一百萬的債，這裡募、那裡募，還辦了一場還債的募款餐會，那個晚會就叫「還債」，拿出

◆（左起）曾心儀與李筱峰為陳水扁助選／曾心儀提供

◆曾心儀為陳水扁助選／曾心儀提供

我的書義賣，花了滿長一段時間，才還清債務。

## 日常，期盼不使惹塵埃

有一年，我接到從美國紐澤西發來的傳真，內容是：由台灣同鄉辦的「關懷台灣基金會」當年要頒獎給我，獎勵對台灣社會運動有貢獻者。其實一般人領這個獎，就是將支票寄來台灣，可是我一聽到紐澤西離紐約很近，就想到我女兒在紐約上班。想說這是我最容易接近她的一次，就花機票錢親自出席，也希望他們可以安排同鄉帶我參觀紐約。

這些同鄉很多都是高級知識份子，對我很好、很溫暖，我覺得他們離開台灣很久，沒被汙染，還有早期台灣的純樸。有同鄉帶我參觀帝國大廈、聯合國。那次我還是沒見到我女兒，我已經找到她上班的公司，女兒請接待人轉達她在開會，避不見面，我很傷心地離開。

那趟我才發現我長期在台灣，不知不覺捲入各種派系的鬥爭、排擠，很傷很傷，好像都枯萎了。可是台灣同鄉的照顧，讓我恢復活力。後來我成立一個「社團法人台灣文化資產搶救協會」，請文藝界一些好朋友當發起人，一些會員提供贊助，我才過得稍微好一點，不然有時都不知道下個月房租在哪裡。

我最苦的時候，是許世楷競選台中立法委員時，為他助選回台北後。本來我在台北做藍美津市議員的助理，我辭職南下助選，但許世楷也沒選上。有人介紹我到桃園巨蛋那邊做文宣，每天從台北坐火車，錢剛好可以付房租。後來就是台獨聯盟的李憲榮，介紹我到建國黨陳文輝的立委辦公室做助理，生活才好轉一點。我也當過國大代表陳婉真的助理，很感謝婉真給我很大幫助。

這麼多年，我和我的朋友們境遇相同，我說我們在做社運，怎麼一回頭，阿扁已經當總統了，我還在這邊苦得下個月的房租在哪裡都不曉得。有一次我跑去找李逸洋，我想他都已經當內政部長，我問他可不可以給我一個工作，他說不可能。結果我是被誰救？那時黃武雄在台北縣辦社區大學，我聽到後問說我可不可以教文學，他說可以啊歡迎。那還是我不當記者後，好不容易拿到一個與我本行有關的工作。

我想，阿扁執政有一個好處，國藝會有對我客氣一點，我申請那個長篇小說專案就通過了。一次補助五十萬兩年，那是我人生最好過的時候，所以我也有享受到選舉路線的福利。

有時我會懷念我的一個好朋友，畫家吳耀忠。坐牢毀了他整個人生，人好像都碎裂了。他出獄後失眠，可是不願意看醫生，他說醫生有的是特務，會把病歷給情治單位，所以不看醫生。他只有喝了酒才可以睡覺，或是放鬆。他的人生就這樣被毀掉，那麼優秀的一個畫家。去世時才五十多歲。

他出獄後對很多事失望，他就講，他想要剩下的人生與青燈為伴。這個「與青燈為伴」我常想起，像他們在白色恐怖時期，有些案子是搞革命的，有些是冤枉被扯進去的。

我們開始做運動時，有時也是抱著切・格瓦拉那樣翻天覆地的使命。可是走到最後會覺得說，如果能早一點做決定，與青燈為伴，做個修行人，常常看看自己心裡的鏡子，是不是有塵埃，擦掉上面的塵埃，也許是一種福氣。如果能早一點做這個決定，可能就不會再有其他浪費，或其他痛苦。

# 不悔的基層運動者——康惟壤訪談

◆康惟壤／王志元攝影

## 從小就是「運動」健將

民國四十六年，我出生在嘉義朴子。小時爸爸在朴子街上做餅，後來因和人有糾紛，生意失敗，之後他就改做工，像是在媽祖廟做一些總務類雜務。印象中一天賺五十塊工錢，算是很辛苦的工人家庭。我們家兄弟算多，大哥很早就北上工作，我都在鄉下。

國小時我就讀朴子的大同國小，功課不錯都在十名內。那時棒球在嘉義很風行，金龍隊之後就是七虎隊，我的年

◆ 學生時期（後排右五）／康惟壤提供

紀還是金龍隊。大同國小那時第一次組棒球隊，我們是第一屆，我就被選進去，我打擊、守備都不錯；那時七虎隊國手有兩個同校的，黃志雄跟侯德正，他倆打擊都比我差，我都排三棒，要不然就第一棒、第四棒，他們算副的，還不是主捕手，也不是主投手。但我超齡，我三月生，他們都九月以後，如果我刻意又留一年打棒球，有可能就去當國手。

中學時候，我已經對功課沒興趣，都以運動為主，後來被選去當手球校隊的守門員。那時候功課是放牛班的，雖然如此，我也當過風紀股長、班長，在學校算是活躍。

手球隊時期得過全國第二名，但第二名沒有保送，那時想說為了要保送，又多讀一年，打到冠軍。但後來高中被送去北部，所以國中畢業後我就北上，因為大哥、二哥在北部做了一點小生意，那時都是哥哥支應學費和生活費。

◆ 學生時期／康惟壤提供

高一也是打手球，代表台北縣在台灣區運打到冠軍。冠軍時，一個國大代表邀請我們去日本交流，前往九州的熊本縣。那是我第一次出國，當時出國要存款證明，我大哥有，我才可以出國。第一次去日本什麼都很好奇，坐著地鐵就想，喔，怎麼有這種地鐵；在子彈列車上的鱔魚便當也很好吃，印象很深。在日本算是訪問與比賽，十天後回台，繼續打手球。

那時我邊打球邊念書，也邊支援我哥哥做生意，幫忙搬東西送貨。高二那年也打了冠軍，高三打了第二名。其實打手球就是為了要保送，雖然我的同學裡，也有人上師大、文化、輔大等等，但我想說我成績這麼差，可能考不上就放棄。哥哥的生意也需要幫忙，畢業後就沒繼續念書，一兩年後就當兵去了。

## 書報攤啟蒙的政治思維

那時我大哥的店門口，剛好有個書報攤排一些雜誌。我沒事翻呀翻，看到謝東閔被人炸到手，那種書我都看，雜誌加減翻，看到底是什麼情形，開始有一點懵懵懂懂的概念。當兵的時候，對這就很有興趣。軍中有訂民眾日報、台灣時報，那時剛好遇到嘉義許世賢出來選立法委員，在嘉義當兵時，晚上就一直溜出去聽政見。

那時是雲嘉南三四個縣市做一個選區，聽了那些對國民黨不公不義的批判覺得很有興趣，包括那時施明德出獄，也跑場去屏東看，也是第一次在那邊看到林義雄。我不曾對哥哥談到這些，家裡是很單純的一般家庭，從小不提政治。但我國中就喜歡去圖書館看報紙，好幾份報紙都看，對新聞很有興趣。

民國六十四年，中壢事件發生，我在軍中想說奇怪，新聞都沒有報。我有一個班兵，是陳婉真她小弟，他拿《選舉萬歲》那本書給我，當時是禁書，他影印給我看。在軍中我又是訂報紙，又去參加高雄事件，那時開始，對政治就很有興趣。高雄事件前一天，美麗島雜誌社被人翻了，我也從嘉義搭火車去屏東參加那一場晚會。

民國六十九年一月十八日退伍，還是戒嚴時代，社會封閉，講起來很少人關心政治，我在下港很少聽到，我家也沒人談論。那時對國民黨、對政治、對社會還沒有太多其他感覺，演講聽了後，只是對國民黨的獨裁，對國民黨控制社會覺得很可惡。不是說我們多有正義感，只覺得政府這麼鴨霸。回台北後，並未投入什麼團體，都是在旁邊看。以前有一個編聯會，有次去旁聽，之後我常買政治時事上發展的書回來看，看了覺得很有認知。

退伍後住永和，有天永和中正橋的派出所分局來拜訪，分局那邊就拿資料給我看。上面寫了極機密，此人當兵期間，受叛國份子陳婉真之弟影響；又拿中壢事件的資料，表示盯緊我了，我說好啊，已經被你點名作記號，我就豁出去開始參與反對運動。

那時發生六四天安門、光州事件，聽到韓國學生被朴正熙、盧泰愚跟全斗煥鎮壓，有人死亡，有人抗議。已經想更進一步投入，想說怎麼發生這麼大的事，以前都沒有聽過。我可能算是比較好奇的人，也比較雞婆，包括林義雄家的慘案，我也趕去義光教會，跟他去殯儀館看屍體。另外，陳文成從美國回來，被警總在圖書館殺害，我也陪他老爸去台北一殯，看他的屍體，看他翻開這樣整個都瘀青。那時我已經是北基會的總幹事，相當投入，完全不怕。

## 意料之外的婚姻

高中畢業後，我是先幫大哥在百貨公司送貨，看到百貨公司很多小姐，臉都會紅。退伍後，我邊跑政治場，邊幫忙我大哥的生意。我大哥那時剛好投資朋友在高雄做食品，叫我下去管帳，跟股東一起送貨。去高雄交很多女朋友，但沒放真感情。我在那邊認識我前妻，她是台南人，來當會計。我二十七歲奉子成婚，生了一個小孩。但我對政治太有興趣，都沒想要賺錢，聽政治就是人生的快感。就像有人會買古董，有人騎重機，還是畫圖等等，變成特殊的興趣，對家庭就沒那麼重視也比較疏忽，難免都有摩擦才離婚的。

大我三四歲的前妻，在來往不久後就懷孕，因而前去提親。之後在嘉義宴客，回台北跟我大哥一起住。但我也都跑政治場，騎摩托車載我前妻去看林義雄的義光教會，但她完全沒興趣，婚前我已有一段時間參與這個、關

◆年輕時其中一任女友送的轎車／康惟壤提供

◆年輕時期／康惟壤提供

心這個，有一定成就感。前妻個性上比較屬於遵從社會，就是說家庭主婦型，希望老公賺錢。但我覺得賺錢沒什麼，吃得飽就好，不要追求那麼多，光物質追求，我們想法就差很多。當然，女人家一定不滿意，畢竟孩子也生了，但我的寄託不是在此，就也會有拉扯。

老實說，前妻娘家那邊日子還算好過，她是大女兒，嫁妝也多。當時娶老婆要十萬聘金，也是她拿出來的；她爸爸算鐵路局員工，在台南也有兩三間房子和土地，家境不錯。我丈人跟我談判，要我好好開一間超商做生意，家庭就會齊和。不曉得怎麼說起，我那時就覺得追求的目標、東西不大一樣。後來小孩也都跟著外公，十幾年後，大家都冷靜一段時間，我本來說孩子留給我照顧沒關係，但是前妻總是要一個小孩，因為她比我多幾歲，我想說女人家帶孩子也比較適當。我家裡這邊也沒什麼經濟壓力，因為我家兄弟多，不需要我拿錢回家，我過得去就好了。所以那時北基會專職，就領基本工資一萬八。

## 從服務處義工到專職投入

我算比較外向的人，和人互動有親和力，沒什麼距離，不會隨便生氣，很客氣。我是一個做生意的人，但是做生意要追求經濟跟財務，跟政治的追求完全不同。我就覺得搞對抗不

◆ 北基會時期／康惟壤提供

◆ 北基會時期／康惟壤提供

公不義的事情，很有意義，很有成就感。在那個年代，也很多像我這樣的人，但跳進來當專職，有人會恐懼，那時會抓人，還是很敏感。第二項就是經濟上的考慮，尤其是做專職，我是去洪奇昌那邊當義工，邊幫我大哥送貨邊跑洪奇昌的服務處。

那時台北縣市，就屬洪奇昌跟謝長廷兩個公職在群眾運動裡最活躍。一九八六年，洪奇昌當選國大代表，我都去中和服務處當義工。那時服務處的主任洪志銘，就覺得我去得很勤，人緣也不錯。洪奇昌那時讓我們信任就是說，他這個公職是運動的公職，是集體領導，所以在那邊我也參與建立一個模式：服務處結合管理委員制度，整個財務透明化。另外，主任委員簡錫堦覺得我這個人很有正義感，會為社會當義工，很拚。剛好北區政治受難基金會成立，簡錫堦是第一任會長，就跟我說：「康仔，來當專職」。

那時海外開始有不是黑名單的人先回來，像是台大的陳永昌教授，他還沒表明教授身分前，也都來跟我聊天。他有一些看法影響我不少，後來他表明身分，我想說，夭壽是台大教授。那時我也很崇拜學歷高的博士，會覺得，幹，台灣這些學歷高的人，要選舉也比較好，講話人家比較會聽。但我就常常想說，幹，這台大的教授，人家也很務實，也不會裝腔作勢，很樸實的人，又不會看不起我們書讀得少，知道我在第一線衝撞。

◆ 鄭南榕靈堂／康惟壤提供

當時包括新國家運動、台獨運動、弱勢運動、還我母語運動、廢除蒙藏委員會，還有勞工運動、環保運動，我當總幹事都要開車參加。總幹事就是全部投入，你有會員，要邀較有時間的人參與；因此在北基會認識的人又更多，政治面、社會面的一些學者、運動者。

我很有同情心，也很感性，看到有人被抓被關，或國民黨強勢壓制人民，會覺得社會真不公平，尤其是新潮流那時都沒有往公職發展，因為一些人都把公職當作賺錢的工具。當然他們也反獨裁，但當選後財產都很多。新潮流這些人感覺比較有理想，他們比較年輕，有理想和訴求，新國家運動、台獨這一塊新潮流比較有在推。因為以前在洪奇昌服務處時，洪奇昌完全讓我們自主搞社會運動，不管環保、勞工，很多社會運動，就是洪奇昌服務處比較有行動，屬於運動型的，也因為有簡錫堦帶頭，洪志銘當主任，這個服務處比較不像一般公職，就是找家族的人來顧。

簡錫堦以前給我看的文章是說「公職是運動的工具」，那時也給我很大的啟示。就想說奇怪，公職當選後，得了權力、名聲，大家鼓掌。我那時不知道這叫做階級，所以很排斥公職人員，因為他們就是拿到權力、拿到利益後，在運動上就不推進了。

後來在北基會，我們關心一些在基層、默默無聞的抗爭者，他們衝撞被抓去關，都沒人知道。同樣在付出、投入，這些人都沒人關心。民進黨辦了許多政治活動，我們就去做社會運動的募款，然後去關心他們的家庭、妻兒、老父老母。那些錢雖然不多，幾千塊或三五萬塊，對弱勢家庭有了照顧，對我就產生很大……覺得做這個很有意義。

◆ 任北基會總幹事時拿捐款救助基層參與者的家人／康惟壤提供．廖建華翻攝

我那時也不會崇拜偶像。你要崇拜偶像，當時尤清最出名，尤清、謝長廷、陳水扁等等，我為什麼不去聽他們演講？因為我想要的是做運動的正義感，對社會運動的關心。我的價值觀不是為了個人，是為整個社會，為了一個不公不義、壓迫社會的那種東西。

顧生活當然是生活基本，人活著會追求安穩的生活，但我那時的想法是，這個社會的結構如果不改變，要追求安穩也不簡單。尤其你看現在的房價就好，是整個結構問題。愛拚才會贏，但拚不贏啊？

## 走入群眾與左派

那時新潮流要在台北縣參選，就是周慧瑛跟盧修一，一個選立委，一個選省議員，台北市沒人，那李逸洋是新潮流的嫡系，後來新潮流辦公室開會，叫我去幫李逸洋助選，當服務處主任，我因此離開北基會。

剛好那是在黑名單回台前，我被推薦去日本的台獨聯盟訓練一週，去上課、座談。基層工作者那時不知道有分洋獨和土獨，我們是想說只要有人被壓迫，就要聲援、支援，但我們不知道新潮流跟台獨聯盟，為了洋獨、土獨在搶資源。我們的出發點是若是真正的台獨運動，做運動的人應該沒有在計較的。哪邊被壓迫，哪邊就要出現聲援，我是這種信念。

那時我當服務處主任，我都開宣傳車去抗議要讓黑名單回台，但不知道獨派內部有這種矛盾——台獨聯盟跟新潮流，都是獨派，都號稱獨派。我想說歡迎黑名單回來天經地義，畢竟他們因為國民黨的關係，三十年都沒辦法回來。那時他們彼此就有一點緊張，我想說奇怪，我們就是想要追求一個公義的社會，但他們就是怕資源被瓜分。在服務處就產生矛盾，我們有十幾個人一起發了個聲明，退出李逸洋服務處。

此後，我才被叫去環保聯盟。反核四運動正激烈，我就去那邊專職活動組組長；也剛好被邀請去美國，是陳菊跟陳永昌教授，還一個忘了是不是邱義仁，一共三個人幫我背書和推薦，去美國領一個叫美國中西部台灣人紀念鄭南榕的獎，意思是說對台灣獨立運動、民主運動有貢獻的人，這個獎金給我差不多一兩千塊美金，因此去了美國差不多兩個月。

◆ 到美國領取鄭南榕紀念獎／康惟壤提供

那時鍾維達也是從海外回台的知識份子，很早就跑洪奇昌服務處關心，他參加過一個組織叫URM，包含林重謨、廖耀松等一群人，有去加拿大受訓。鍾維達在美國就搞過學生運動、左派運動。我那時不知道他回台後也在組織人，找一些比較基層、有行動能力和草根的。因為以前我加減有聽一些，關於什麼社會主義，但我不是學術界的，對這個理論不熟，主要是說不公不義、弱勢。從鍾維達開始組織人，我才加入群眾雜誌社。

民國八十幾年那個年代就是說，生活不錯，經濟有發展，但怎麼貧富差距越來越大。以那時買房子為例，從前我就賺那麼少的錢，就有辦法來繳一間房子的貸款，家庭也有辦法照顧；但現在卻一間房子都買不起，後來才了解說，財富集中化，原來這就是資本主義國家，「賺吃人」沒有明天。

以前我唱〈勇敢的台灣人〉、〈台灣獨立萬歲〉、〈犧牲換來覺醒〉、〈新台灣進行曲〉等等，會很感動流眼淚，那時黑名單返回台灣，唱〈黃昏的故鄉〉的那個年代。為什麼我在群眾雜誌社主持節目時，我會改放那一首〈為錢賭性命〉？因為資本主義叫你盡量去買，盡量去消費，買新的用新的，不會說勤儉。講這個比較學術語言，但整個結構就是要把多數、百分之八九十的中下階層，上班族、小市民，做牛做馬，認真拚，一輩子窮忙族。如果看以前的柑仔店就好，開一間柑仔店可以維持一個家庭，但現在的超商投進去，柑仔店收光光。他們又方便又敢租好的店面，再多錢都租下去，但柑仔店的人沒本事。

鍾維達他們海外的左派思想回來後，給我的信念是說要點起群眾的怒火，燒盡世間的黑暗，要為工農小市民出頭天、翻身戰鬥。我們要覺醒，不要寄望檯面上這些頭人來替我們解決事情。當然，最後是要立法，為什麼我會參加選舉，重點在公職的思想，到底有沒有使命感，你是不是肯把放下得到的資源利益？放下來做運動，打破整個結構。

我覺得公職得了權力又得了利益，待在新潮流的最後我覺得失敗，那時也期待他們不要公職掛帥，因為他們給的觀念是公職是運動的工具，意思是說，我們就是要帶動一個財務分配比較公平的社會。但後來我了解他們是自由主義，自由經濟、自由市場、自由競爭，大的吃掉，財團吃掉。

那時我們想說，本著犧牲奉獻，看有沒有辦法建立一個基地，把小市民的運動發揚光大，不要讓社會分配不公，小政府要撥經費、立法制度照顧孩子，不要小孩讀幼稚園、讀書負擔那麼重。或是房價問題，在經濟面要改變，價值觀帶動一個運動給政府壓力，建立一個制度。

我們想說要辦演講，要有宣傳武器，得到人民信任。所以選擇推人出來選公職，當選才有資源。你一個議員、一個立委講話，社會才會注意。坦白講，大家都還很保守，看不清楚整個結構問題。另外，我們也需要拿一個公職來支援、來養幹部。我們差不多十幾個人，一個人都領兩萬塊而已，那時包括美國回來、學歷高的低的，都要求大家拿兩萬塊。你說如果沒有這個資源，要怎麼養幹部？要怎麼做運動？不少學生畢業後也都很有心想投入，但就卡在他的經濟壓力。

那個資源不是給個人，要大家做運動，大家都抱著生命危險。講難聽一點，面對妻離子散都沒關係，要來搞一個思想的、理想的東西，差不多這種想法，大家都很有那種使命感。

## 最後選擇走自己的路

群眾雜誌解散後，我休息了一段時間。有個朋友在三重埔、蘆洲那邊，要成立一個勞動者協會，協會的力量比群眾雜誌稍弱，比較沒有號召力。但我們開始培養組織進入社區。比如，我們有法律服務，社區的人有受到委屈要說。像有個媽媽，孩子生下來沒有手腳，就是到我們這裡由我們去陳情、抗議。我們也給社區家庭貧困的小朋友，請大學英文系學生來當助教，給他們基礎的訓練。

協會沒有錢，但那時台北縣的議員都有配合款，我們爭取來服務這個社區。取之社會、用之

◆勞動者協會遊行／康惟壤提供

社會。我們大部分都是志工，除了請一個小姐，像我住在台北、板橋都是騎摩托車往返。

◆ 賣扁帽扁衣／康惟壤提供

兩千年阿扁選總統，整個協會去義賣扁帽扁衣，如果賺一萬塊，五千塊給協會，五千塊給我們五個人出去，一人一千塊這樣，包含我也是。那時扁帽扁衣成為基本經費來源，就這樣維持下來，賺了兩、三百萬都放在協會這邊。後來越做越大，搬過去中原街，有一、二樓，之後我就在那邊選議員。

我本來不想參選。我認為我學歷不高，坦白說在這個社會，就是勢利，你學歷很高，表示你講話人家比較會聽。那時台聯正夯，他們覺得說我們做了很多運動，剛好三重、蘆洲要找一個候選人。整個社會已經塑造到政黨政治，沒政黨提名不好選，除非有相當的高知名度，要相當有群眾的印象、媒體強勢的宣傳，政論節目每天報，每天有人看，才會過關。

但是大環境要選舉也不簡單，差不多七成要靠經費，三成靠個人魅力，畢竟我的知名度圈內人比較認識，一般民眾還不了解。所以拿台聯的旗子，我就在想說是不是可行的？因為大家認同台聯的旗子。但是後來只拿到三、四千票，差了兩、三千票，沒辦法。

台聯那時候打著台灣人的本土性，其他艱苦人、弱勢都被排除，所以沒辦法帶動一波運動。最後台聯等於泡沫化，這跟親民黨一樣，用國家意識，最後就泡沫化。

讀書人有讀書人的侷限，我選議員時，我感覺說，奇怪幹拎娘，我這種人這樣爬起來、這樣做起來。你們知識份子要選，需要助選，我都義不容辭拚下去，為什麼換我這種人出來，你們是對我不放心還是怎樣？我當然可以被檢驗，沒做你怎麼知道，看我做了是不是有落實公職不能掛帥？肯拿資源出來？我是這種粗線條的，但是粗線條你要看什麼角度，粗線條也有細膩的一面，真的粗線條的人，他可以大剌剌無所求，可以拚下去。

這就是台灣的知識份子需要再重新思考的，不一定全部要讀書人主事，這個社會就是讀書人太多。講起來他們有使命感到什麼程度嗎？我不認為，但也可能是整個社會結構的問題。

落選後，勞動者協會裡的成員J顧問跟我說，不然來成立一個政黨。

J顧問以前也是在外圍看，他是中小企業的老闆，很怕曝光，總是做生意怕被查稅、打壓、清算。當然，他是有正義感的人，家裡請菲傭在照顧流浪狗、流浪貓，大安區他聽到貓狗在哀嚎，抱回去養了二、三十隻。J顧問也影響我不少思想，雖然他不是理論家，什麼主義的，他不講這些。他去一百多個國家看過，進步的、落伍的，看動物、植物，看生命的演變，他實際在看。他生意人出身，所以務實地看台灣。

但他也是有執著、盲點的地方，像是成立政黨我認為還不到時機，但他硬要成立。當初要是弄一個反M型社會聯盟，反而比較好，現在比較有理想的人排斥政黨，反M型社會聯盟很明顯就是凸顯社會貧富差距問題。但我由衷肯定、欽佩這個人，他不會看不起艱苦人，他也不會去巴結頭人、公職。

政黨取名時，我想說用台灣社會黨，用社會黨就好，但他說要用生活，他要背後出資源來搞，但其實全職也沒辦法請到一個。要成立一個政黨，我說要有人、要有資源；但我也抱持著，既然你出了一些資源，叫我做黨主席，我就看能否壯大這個黨。當然黨主席不一定要我做，他叫我先做，之後再慢慢找人。

我之前的一些朋友都有找進來，提供一個八十幾坪的地方，好好來搞，J顧問在生活黨這四年，也出了三四百萬。他說，一個政黨花三四百萬算什麼？像馬英九當總統後，我們生活黨就去總統府前，問說馬英九總統你站在哪一邊？是財團這邊，還是中下階層這邊？新聞有出來，電視台也有來採訪，我們有去總統府前面衝撞。

另外，像是幾年前的母親節，我們也去行政院門口演燒炭的行動劇。因為很多單親媽媽燒炭自殺，就是經濟壓力造成的，因為已經活不下去，為了要照顧孩子，連孩子都帶去自殺。我們認為說，這社會潛在的不公不義就是分配不公平，造成男人跟女人離婚，是經濟上出現困境造成的。

本來我要跟他去統一企業大樓，去中國信託、台新、國泰這些大財團，跟他們說，你們有好幾百億、好幾千億，那富可敵國。你們錢那麼多，我們台灣社會這麼多問題，你王永慶在林口土地那麼多，拿出來蓋平民國宅，提供出來、奉獻出來，對不對？這才是功德。你拿十分之一的財產出來關心這個社會，好幾萬人、好幾千人就有房子可以住了，對不對？

未來台灣社會差不多就是分配問題，探討這個才有意義。人不是只有追求功利，這是我，我過得很樸實。現在我租在這裡，我可以睡就好了，什麼叫舒服？舒服就是精神上不要有迫切壓力，不要隨便花錢，勤儉一點。大家住在一起，都是弱勢者，都是相同命運的人；大家共同分擔，一起窩在一個房子裡，客廳算大，廚房也都有。

老了後，最慘就讓政府照顧吧，就像國民黨照顧榮民。那個榮民的住處床鋪很大，也有公園。我現在打拚也是為了未來老後，可以被政府照顧，我希望這個社會最基本就是，你老了雖然單身，還是有得住、有得吃、有醫療。有的人說我在打高空，這不可能，但歐洲國家有的就可以。

我以前稱勇敢的台灣人，犧牲換來覺醒，但台灣的勞動者、受僱者、受薪階級，這些中下階層的，買不起房子。我常常刺激許多朋友，說你國家意識超過階級意識，你階級意識不

◆ 康惟壤／廖建華攝影

夠。以前很多獨立運動的第一線朋友，都說康仔，幹，你像共產黨！但我沒這麼偉大，我覺得社會要公平正義，人有正義感、同情心。

詹益樺給蔡有全的信 26

PLUS 詹益樺：那一天，阿撒普露／廖建華

◆ 一九八九年詹益樺自焚／潘小俠攝影

哥：平安，今日透早日頭打霧光時，跟庄腳仔朝長兄駛著農用車，來到菜市口虱目魚粥阿忠攤位，吃早餐，在吃A時陣，遇到順發仔、水源兄、清仔伯、榮仔，大家攏是農樣A打扮，真有禮貌，從這條街喊到那一條街A「HO早」聲，他們十分的關心我生活情形，看我有得住麼，或是到他們家吃飯、坐坐諸情形，要離開之前，大家為趙搶付錢在那裡幹來罵去，真是十分親切，過一陣子互相拜別，我呷朝長兄駛向釋迦園山頂，路途上朝長兄教我一些釋迦栽培和運銷問題，沿著美景以及車上音樂曲「要拚才會贏」，使我精神振奮，來到釋迦園時，才不到六點，沒想到隔壁園福源叔已經作一點多鐘，心內暗暗為這些農民嘆氣，又看到他黝黑彎曲軀體在園中轉來轉去打拚在採收，採收完的釋迦還要每粒每粒小心放置以及拿著小毛刷刷掉釋迦白點蟲，要後裝箱等工作，又想到前幾天福源叔捐付一仟元給我做生活費，心中自責萬分，他抽的是新樂園，我抽的煙是MABULE，這一天心中對他的一切實在感慨良多，我頃刻間祈禱上帝，請您賜我更加力量為這群被社會經濟剝削，社會階級剝削弱者做一點代誌，他們不憨、是善良，他們不是笨、是自求不傷害別人的滿足。

26 本文中詹益樺所寫的文字皆來自於《台灣建國烈士——詹益樺專輯》一書與《時代雜誌》二七七期。

我們常「聽到」也常「講到」的公義、愛、尊嚴，但我們是否落實做到？台灣社會上弱者權益是否落實替他爭取了嗎？

我現拿鋤頭時，挑擔時，常思考這些問題，台灣社會上弱者在那裡，他們被變成弱者是什麼原因，是什麼人造成，是什麼事演變，現我不敢有什麼結論，我自訂一個方面，跌倒成為弱者的人，我站立那個地方扶啟他。

◆一九八九年鄭南榕告別式／邱萬興攝影

## 勇敢台灣人的無助與挫敗

一九八九年的五月十九號，天空下著綿綿細雨，草根工作者詹益樺身上帶了三個打火機，背著預先準備的汽油，跟著時代雜誌負責人鄭南榕的出殯隊伍，從士林廢河道出發，一路步行至解嚴後仍是警戒禁區的總統府前廣場。眾人穿著弔祭用黑衣，上頭有著「紀念鄭南榕」幾個白字，悲戚與緊張一如人群浩浩蕩蕩，在風雨欲來的街頭。

◆一九八九年鄭南榕告別式／邱萬興攝影

那是集結了當時信仰台獨建國、國殤等級的萬人隊伍，不少群眾隱忍著對國民黨政權的悲憤，預期將有一場不可避免的對峙，或許一個新而獨立的國家，可能因此往前再跨出一步，即便有所傷亡。[27]

有人看到詹益樺捧起地面的積水，洗了洗臉，有人向熱情的他搭話，卻出乎意料地不大被理睬。當前鋒隊伍抵達總統府前廣場，多數人在後頭見著的景象，是前方冒出一股黑煙，但無人知曉為何多出這一焚燒抗議的行動劇，直到慢慢傳來「阿樺燒死了」的訊息時，眾人還誤以為是運動領導人黃華出事。

在後來的各種報導與影像中，我們知道那是詹益樺穿越眾人，點燃身上汽油的自焚抗議。在攝影師潘小俠的照片中，詹益樺儘管下半身已是熊熊烈火，仍雙手攤開高舉，猶如浴

27 1989．5．19，《自立晚報》，〈避免鄭南榕出殯隊伍失控 北區部隊武裝待命〉，陳博廣報導。

◆ 一九八九年鄭南榕出殯。生為台灣人死為台灣魂／邱萬興攝影

◆ 一九八九年鄭南榕告別式／邱萬興攝影

火鳳凰。當下，有人看到詹益樺手持一本聖經，有人聽到他高喊「上帝啊！主啊！請原諒他們，他們不知道自己在做什麼！」[28]。幾個步伐時間，詹益樺便撲倒在總統府前的鐵絲網上，以自焚作為他三十二年生命的最後選擇——殉道。

如果說，鄭南榕的自焚為反對運動帶來的震撼，是巨大的悲憤與傷痛，其中仍參雜不少鼓舞與激勵眾人向前跨步的作用，那作為「追隨者」的詹益樺，帶給眾人更多的可能是無助與挫敗。

無助是，一條生命在政治性最高、也最需要衝撞抗爭的總統府前逝去，指揮中心下達的指令卻是要群眾原地坐下，以防更多傷亡。縱然是可理解的決定，但眾人被迫無所作為，事後亦無人能對此做出解釋，尤其詹益樺不是運動領導或知識份子，他是來自街頭市井的草根黨工，身分位階與群眾更為相似。在遺體被救護車送走後，因為鄭南榕的遺體必須趕赴火化，只有部分人群留下為詹益樺焚燒紙錢。

◆ 詹益樺自焚現場／北基會提供

至於挫折，則是過往民主運動總以「勇敢的台灣人」作為情感上的號召，面對獨裁不要懼怕、不畏犧牲。但如今，詹益樺的自焚即使讓眾人激憤、惋惜與傷心，國民黨政權不僅沒有因此退後一步，甚至利用媒體，將其殉道栽贓成民進黨自導自演而擦槍走火的鬧劇[29]，社會大眾對台獨建國的理解與認同，依舊遙遠。生命的獻身是否真能有效喚起人民的覺醒，成了多數人內心的衝突與矛盾，留下不知如何面對的情緒，當時也因此有不少的反思與討論。

從自焚事件所衍生出來的種種反應中，我們所關心的是：這種殉道精神，是否適合作為反對運動的集體倫理？更確切的說，能否有一種政治思想，在價值

28 1989，《時代雜誌》二七七期，頁68，江松青。

29 《聯合報》，1989．5．20，〈詹益樺背上著火高喊：卡緊把火打熄！〉陳金章報導。

位階上高於我們個別或集體的生命？或是超乎我們現有的政治經驗，足以作為我們絕對信仰的對象？[30]

擺在眾人眼前的，是「台獨運動的下一步是什麼」的問題，這是所有鄭南榕「後死者」的責任，並且顯然無法單靠烈士殉難便能克竟其功。[31]

## 基層組織者詹益樺

詹益樺是嘉義竹崎人，父親在他國小時就被送到火燒島[32]管訓近十年，由阿嬤一手帶大。父母離異後，他跟著母親搬到台北，從工專肄業後陸續做過報關行、電梯維修等工作，也跑船到紐西蘭過。當時，詹益樺曾意外落海，有同事因此喪生，也是他第一次感受到死亡與重生。

父親回台後在迪化街做生意，詹益樺三不五時會過去「搵豆油」[33]，父子間除日常問安並不多話。踏入民主運動後，詹益樺工作不穩定，父親偶爾會塞錢。在父親伴侶眼中，詹益樺有許多情感，但沉默不多話，有義氣也無法被束縛，一如他的父親。當年五二〇農運時，詹益樺拆下立法院的匾額，後來知道那是兒子正在做的事情，也是以從電視上看到報導這樣間接的方式，保持一段距離地在意著兒子。

自焚前，詹益樺有向父親通過電話，但也只說了明天會有事情，直到電視報導，才知道兒子自焚。對詹父而言，沒有能不能諒解這件事，每個人的人生路都是自己決定的，要走什麼路，自己會知道。父親尊重那個耿直的兒子，即使知道的當下，快要窒息。

◆ 一九八八年五二〇農民運動時詹益樺拆下的匾額／邱萬興攝影

真正讓詹益樺踏入民主運動，是在桃園機場事件時，他被軍警非法拘禁與毆打，全身是傷的一次，他以「人間煉獄」形容這個過程。當時他因為被抓導致工作曠職，雖然沒犯任何過錯，公司卻以此為理由解僱他。此後，詹益樺便開始在黨外雜誌社工作。

詹益樺在運動圈認識的第一個人是蔡海埔[34]，因為蔡海埔的五專同學金仔去金門當兵時，認識了豪爽不拘，或說不修邊幅的詹益樺。「阿撒普路」這個又台式又日式的綽號，便是軍

30 《到執政之路——「地方包圍中央」的理論與實際》，張俊宏主編，1989 年，南方叢書出版社。
31 《時代雜誌》二七七期，1989 年，頁 5，鄭肇基。
32 現今綠島。
33 國語的「沾醬油」，短暫停留之意。
34 〈永遠的「阿撒普路」〉一文作者，收錄於曾心儀編著《阿樺》一書。

中同袍所取。退伍後，一群同年紀的朋友相互認識，聚會聊天、喝酒、打麻將、找工作，如同一般年輕人的交往，直到蔡海埔念了研究所，透過朋友介紹進入黨外雜誌工作，參與民主運動。當時的詹益樺還在做一般工作，某次有一空檔，被一起找去包圍台電大樓的反核運動，那是他第一個參與的運動。

◆ 詹益樺曾於戴振耀的農權會（原為農民教室）幫忙／廖建華攝影

C當時也是蔡海埔一群人的其中一員。有一段時間，金仔在士林租了個辦公室，C還在念插班，住在樓上，詹益樺三不五時會跑去聊一些五四三。當時C最大的感受是，詹益樺講話不大敢直視對方，比較害羞。詹益樺自焚後，C從《阿樺》書裡看到對詹益樺的第三者敘述，有一段讓他深深震撼。

那是在鄭南榕雜誌社開會的一次，詹益樺因對程序問題有所質疑，不斷發言表示意見，但這和C所認識的詹益樺判若兩人。踏入運動圈前，詹益樺的個性並不衝動，有點沒自信，也不善於表達，意見不同時並不會急於說服另一方。C認為機場事件是很重要的轉折，詹益樺無緣無故遭受毆打，因此失去工作，沒了穩定收入和穩定住處；作為一個男性，心境上勢必有很大的轉變，自此積極參與運動的力量，也許來自憤怒。

詹益樺參與民主運動的四年中，有三年都待在高雄跟著戴振耀做農民運動。當時他厭倦了在台北許多人只高談闊論的環境，便在蔡有全的介紹下，到高雄農權會跟著戴振耀一起做農運、地方組織。此後，舉凡大樹、旗山、美濃、六龜、甲仙、阿蓮、路竹、梓官、彌陀、橋頭、岡山等地的運動人脈與環境，戴振耀都介紹給詹益樺認識。在他眼中，詹益樺有無比

◆高雄縣農權會／王勝弘提供

◆詹益樺（中排左二）／北基會提供

◆詹益樺（左二）／北基會提供

的熱情，也許出身底層的緣故，對勞工、農民有很深的同情。

當時，曾有農民問到底詹益樺拿了多少錢，才會如此付出、幫忙，但其實農權會給不了詹益樺什麼錢。在高雄的日子，有夥伴的地方吃飯不成問題，不管是戴振耀家或誰家，都能多一副碗筷，但要有多餘的薪資極其困難，彼時農權會運作的部分經費，甚至是來自鄭南榕的贊助。當時戴振耀家裡的經濟狀況也不很好，夏天時住處炎熱，詹益樺便弄了一台冷氣回去並安裝好，向戴振耀說那是撿大寮區有人不要的，但其實是他自己掏錢買的二手貨。當時的台灣尚無健保，詹益樺的經濟狀況，是連牙痛都沒錢治療的程度。

農運工作並不全然順利，大多數時候，詹益樺其實使不上太大的力，反而常常面臨兩邊不是人的困境。某種程度來說，詹益樺比較像是志工，志願幫農民處理事務，協助戴振耀一起訓練農民。但在高雄的日子快樂也踏實，他曾向農夫蘇水印說過：「在台北，一天到晚跟豬在一起。還是這裡比較好。」[35]也許是踏實的感覺，也許是農村與農村的人們，讓彼時的詹益樺有家的歸屬感，生前甚至交代希望骨灰能安放在甲仙他很喜愛的一處美麗地方。遺留蘇水印家中的書上，詹益樺筆記著：「人的生存分成兩條路去應付這世界。一條是現實上。

另一條是心靈上。」[36]此階段的詹益樺，似乎已開始不斷地思考些什麼，面對國民黨他已不謾罵，甚至是轉而提出事實根據與人討論。

◆一九八七年詹益樺手扛麥克風從立法院出發／邱萬興攝影

一九八九年鄭南榕自焚，詹益樺聽到這個消息後便衝回台北，但不管是台北或高雄的友人，同時都感受到他神情與想法極度不同，這期間甚至不斷地觀看韓國學生自焚後跳樓的錄影帶[37]。事實上，這不是他第一次接觸韓國激烈的社會運動。一九八七年，戴振耀被URM派往韓國和當地農民生活、交流，遇上的議題是韓國農民抗爭美牛的進口開放，不僅目睹南韓運動者和警察街頭的激烈對峙，也目睹了有人跳樓抗議，這些都是戴振耀回國後，曾一起和詹益樺討論交流的韓國經驗。

35 《阿樺》，曾心儀編著，頁54，1989年。
36 《阿樺》，曾心儀編著，頁54，1989年。
37 《時代雜誌》二七七期，1989年，頁73，張美智。

## 自焚者詹益樺

一九八七年，獨派的白色恐怖受難者組成「台灣政治受難者聯誼總會」，在成立大會上，因蔡有全和許曹德把台灣獨立列入章程，致使兩人被捕，此後「許蔡救援會」成立，巡迴全國向人民遊行、演講，但政治受難者在台灣社會一向邊緣，缺人手，缺經費。後來鄭南榕贊助經費，詹益樺等幾人也被推薦加入，成為全職志工。當時社會對台獨相關的一切仍風聲鶴唳，詹益樺等人被分配到以黃坤能為首的先遣小組，負責先到全台各地場勘路線，評估安全風險、計算時間。全台巡迴結束後，詹益樺便到高雄做農運，偶爾才與黃坤能等人相找。

◆一九九二年，台灣政治犯黃坤能（台灣獨立革命軍案）／謝三泰攝影

一九八九年四月鄭南榕自焚後，詹益樺再度拜訪黃坤能等幾人，希望協助他進行自焚計畫——出殯當天，他將跟著鄭南榕的出殯隊伍，看何時被國民黨的鎮暴部隊阻擋，便在那時點火向前撲去，也

將丟擲手上的聖經，向時任統治者的李登輝表示抗議，因為他身為基督徒卻行不公義。當時鄭南榕治喪委員會規劃的出殯路線，原先沒有經過總統府前，但這讓基層黨工十分不滿，認為這樣無法展現鄭南榕殉道如此悲壯的台灣人精神，經過反彈與協調後，才確定隊伍會繞過總統府前。最後，詹益樺也在總統府前殉道了。

◆ 黃坤能／廖建華攝影

在第一次找黃坤能等人時，詹益樺早已做好將汽油穿戴身上的救生衣，那是他謊騙裁縫師身體痠痛，要將熬煮的中藥穿戴身上製成的。從訴說計畫到真正自焚之間的日子並不短暫，身為朋友，黃坤能等人第一個反應動作當然是多次勸退，但詹益樺的回覆卻是你們身為我的好朋友、好兄弟，不必相勸，幫我完成就好。事後許多人得知自焚計畫是有人協助，都極不能諒解，為何不能互拉一把，要讓夥伴如此失去生命。但對黃坤能等人而言，這件事情關乎生死，一旦消息走漏，等於逼著詹益樺必須自焚，甚至與詹益樺碰面時，也沒人問得出到底有沒有要自焚這樣的問題。

有一個歷史的插曲是，黃坤能當時請了一些弟兄，預先準備汽油彈，內心想著萬一詹益樺真的自焚，便能提升抗爭強度，不至於讓鄭南榕和詹益樺兩人就這樣失去生命。但黃坤能當時並沒有對這些弟兄說出詹益樺的自焚計畫，只是汽油彈的消息最後走漏風聲，被迫放棄。

詹益樺回到高雄後，本來不修邊幅的他，一反常態地刮淨鬍子，穿上體面衣著，陸續向高雄的友人們不表明用意地告別，甚至向戴振耀的父親說了「阿伯我以後不能再來給你看了」的反常話語。等到眾人發覺有異，彼此詢問，才知道詹益樺早已向大家一一告別，搭上回台北的夜車。詹益樺說，不想拖累大家，因此決定了要離開農權會。

自焚前一夜，詹益樺回到現今新北投捷運站附近的日式舊宿舍，那裡是蔡有全夫妻彼時的住處，隔壁住著蔡海埔。因為地板是傳統日式榻榻米，打地鋪即可休憩，詹益樺回台北時多在此借宿。彼時，眾人密集討論出殯細節，直到深夜才散去。在比原訂出發時間更早的凌晨，有人敲了蔡海埔的門，但蔡海埔沒有及時應門，只想說應該沒什麼能再討論的了，等到開門時，只見詹益樺剛好轉出那條平日只有郵差送信會來的巷子。後來的出殯隊伍中，蔡海埔與友人怕詹益樺會像五二〇農運時有較衝的舉動，所以一路保持著四、五公尺距離跟著，直到總統府前的台北賓館區域，因早被軍警圍了起來，無法前進，兩人心想應該不會再有事情，才坐下歇息。不久後，總統府前冒出了陣陣濃煙。

在詹益樺走出巷子後，因為怕汽油味過於濃厚而被發現，事先安排了友人鄭遷生騎著機車，帶他前往士林廢河道的集合點。到現場後，照著原先要求，詹益樺被安插到隊伍最前方的政治受難者組別，幾個年輕弟兄以鄭遷生為首，在詹益樺周圍保護著他，以免汽油衣被軍警或民進黨人員發現。那天綿綿細雨，從接到任務到看著詹益樺火著燒的皮膚不斷掀開，事先知情的弟兄，也只能不斷傷心與流淚。

◆ 一九八九年詹益樺總統府前自焚／邱萬興攝影

詹益樺的自焚也讓歷史往另一個方向走去。其實，當天街頭運動的基層黨工們有許多的單線規劃，行動代號是「風火山林」。在我訪問到的兩線中，其中一線是護送黑名單陳婉真闖關回台，另一線則是由基層黨工廖耀松運送為數不少的棉被，準備在總統府前讓群眾能跨過鐵絲網與拒馬，如二十多年後的三一八運動。當天在詹益樺著火後，之所以有人拿出棉被試圖滅火，便是由此而來。當時線與線之間並不清楚彼此的任務，也不知道誰被分配任務，那年代必須如此分配任務，以躲過國民黨政府的阻攔查緝。

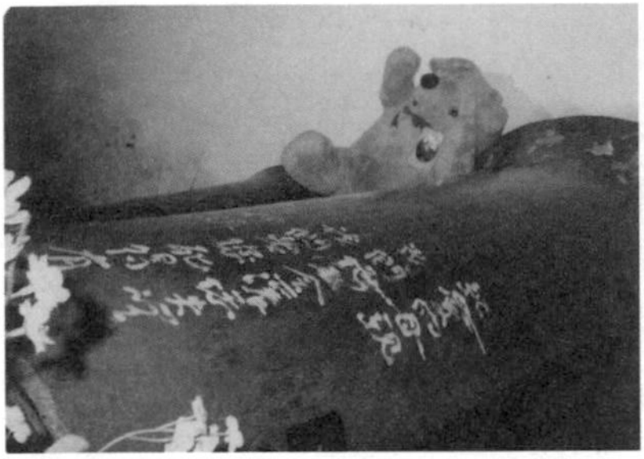

◆ 林義雄母親與兩個女兒的棺木／曾心儀提供

◆ 林義雄（左二）於母親與兩個女兒的靈堂／曾心儀提供

詹益樺的自焚，是戴振耀這輩子哭得最慘的兩次之一，上一次是他因美麗島事件被捕坐牢，林義雄的母親與女兒被謀殺的時候。抵達台大醫院太平間，戴振耀協助脫下來詹益樺的外衣，裡頭有神愛世人四個字，皮夾裡頭除了一張五百塊的紙鈔，便是蔡有全和邱義仁的照片。戴振耀恍然大悟，因為不久前阿樺曾支支吾吾，含糊地向他要自己的照片，但自己堅持如果詹益樺不說清楚，就不給他。

三個人三張照片，都是詹益樺進入運動後產生重大影響的人。蔡有全是帶領詹益樺進入基督教信仰，也是被詹益樺視為大哥的思想引領者，邱義仁則是讓他崇拜其組織運動能力並學習的對象，因為詹益樺相信，如果能有效地組織農民，才能更有效幫助農民。至於戴振耀，則是他運動中相處最久的夥伴。

三十二歲的年輕人就這樣犧牲了生命，真的有價值嗎？我曾這樣向戴振耀發問。他說，也許詹益樺的理想在世時無法實現，但自焚表達了他對鄉土的激勵，也因為他的行動、思想是對台灣的疼惜，也許就有了價值吧？有時候一輩子到老，沒什麼病痛，也不一定就比較有價值。曾經，戴振耀夢過詹益樺，但他卻是憂鬱的臉龐，想表達卻又無法表達出來。如果能再夢到一次詹益樺，戴振耀想跟他說，以後做事前要跟他先商量一下，不要那麼不信任他啊！

對蔡海埔也是。至今，蔡海埔仍無法諒解自己的是，如果詹益樺不認識自己，沒踏入民主運動，是否就不會造成這個遺憾？還有許多詹益樺生前一一告別的好友，事後幾乎都回想著，如果自己能及時攔住詹益樺，是否就不會發生這樣的憾事。

戴振耀希望，別再有人效仿詹益樺走向殉道的路。

## 思考者詹益樺

因為拍攝曾心儀的緣故，我才知道當時她花了近一年時間，採訪詹益樺生前在台北和高雄兩地友人，編成《阿樺》一書，頗詳盡地採訪並撰寫了詹益樺踏入民主運動期間的四年種種。在此之前，我是因為知道鄭南榕，才因而知道還有詹益樺這一人物。

◆一九八七年詹益樺（中間）、蔡有全（左一）聲援蔡許案／邱萬興攝影

◆一九八七年詹益樺（前排）／邱萬興攝影

詹益樺來自草根也只有工專學歷畢業，與人相處給的印象多是熱情、樸實，大部分時候沉默不多話，苦幹實幹是最外顯的形象。在往後，眾人討論其自焚想表達的，主要是為反抗國民黨、台獨建國和為弱勢人民發聲，也多以「台灣建國烈士」稱呼他，是草根台灣人愛台灣、為奉獻台灣的精神象徵。

詹益樺自己曾說過：「鄭南榕是一個偉大而美好的種子，我也希望自己能成為一個偉大而美好的種子。」是故，一直以來詹益樺被認為是鄭南榕的追隨者，或者是鄭南榕第二，但相比鄭南榕是為保有百分之百言論自由的明確，詹益樺抗議的是什麼，是否是為了抗議什麼，卻是再也沒有人能肯定回答的問題，即使他對國民黨政權的不滿是相對肯定的，但為何選擇自焚，也只能從日記和遺書中，推測、猜測。

在接觸詹益樺後，我想也許能讓大家多記住另一面向的他，其中不可忽略且有莫大影響的，無疑是基督教的宗教信仰。一九八八年十二月，一群以原住民為主體的URM成員，在嘉義火車站前將吳鳳銅像綁上鐵鍊，拉下了數十年來將原住民汙名化的吳鳳神話，但我們鮮少知道詹益樺亦是參與的成員之一。如果說蔡有全是帶領詹益樺進入宗教世界的引領者，那URM也許帶給了詹益樺在基層工作的實踐，結合上一套有系統、有分析方法的價值體系。

URM全名為Urban Rural Mission，中文為「城鄉宣教協會」，其核心的宗旨是與被壓迫、剝削的人站在一起，不只是「for people」而是「with people」、「of people」，共有義受苦、對抗邪惡的勇氣等六項核心原則。一九八八年時，基督長老教會的一群運動者正式將這套訓練帶回台灣，此後幾年，舉凡學運、工運、農運、政運等團體皆會挑選成員受訓[38]，對社運而言其過程重點之一便是「事題分析」，對每次的議題做各種資料收集與分析後才決定如何行動，而非一發生事情就只是開宣傳車、拉白布條抗爭，在運動上更能有顯著進展[39]。

38 URM最著名的案例除了拉倒吳鳳銅像，一九九一年廢除刑法一百條運動亦是其集大成的展現，許多基層黨工亦都受過此訓練。

39 〈台灣非暴力抗爭的歷史考察〉，碩士論文，張以忠，2013。

我覺得做社會運動一定是要用宗教家的心態來做這些事情，因為宗教家他不是政客，他才會一個行動延續著一個行動，然後他會有理念去集合少數人、體貼多數人的看法，所以就是那時候，由我去草擬了社會運動者該有的精神，對抗邪惡的勇氣、創造性的少數、與被壓迫的人站在一起、為義受苦、互相結為資源的聯盟、非暴力，我們發展了這六個精神出來，然後在每天早上晨間的上課，就這樣的教導。[40]

在心靈力量上，因URM是基督教演變而來的組織與訓練，核心信仰與依據亦來自聖經。我在二〇一四年時，因拍攝《末代叛亂犯》的緣故，曾旁觀過URM初級班訓練的最後夜晚。當時眾人唱著渲染力極強、用台語發音的歌曲〈一根蠟燭〉：

阮不過是一支小蠟燭
卡要緊是點著起來的光
各人的生命不過是宇宙中的一點
是它所點燃起來的光明
只要自己發光不驚這世界沒有光
每一瞬間攏有他永遠的價值啊

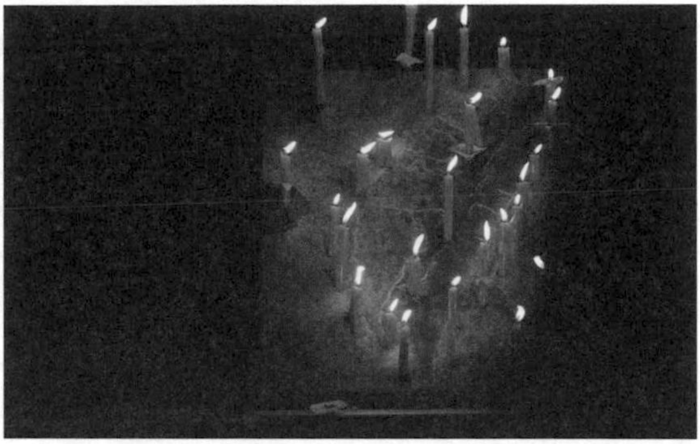

◆ URM 台灣蠟燭／楊鎮源錄影截圖

一如耶穌在世上的最後一夜，牧師在台前嚴肅宣講，番薯代表著耶穌的肉，茶代表著耶穌的血，助教們協助分給現場的成員，宣示著學員延續耶穌基督為人們奉獻的精神。之後的重頭便是「獻心晚會」，現場將關上日光燈，每位成員手持一根蠟燭，眾人圍成一圈再度唱起〈一根蠟燭〉，當場有一可插上蠟燭的台灣地圖，大家輪流說出對台灣的肺腑之言，有些人甚至會在台灣地圖前方下跪。對我而言，當下的氛圍動容，那不僅是宗教或政治的情緒感染，一如營隊最後夜晚離情依依，只是在URM當下的情緒不是分離，而是自己對自己辯證著與「台灣」的種種，對上帝、對內心的自己做出期許。

40 引自〈台灣非暴力抗爭的歷史考察〉林宗正牧師訪談，碩士論文，張以忠，2013。

◆一九八七年蔡有全。台灣政治受難者聯誼總會在國賓大飯店成立大會／邱萬興攝影

有全兄：

接著您留信，倍感舒暢，多謝您的提示，事實上以現在我盡量運動落實現實生活化，我慢慢調整吧？

您所說的我的生活如何？有一點急須您幫助，就是好幾個月前我向永昌兄借一台中古機車，永昌兄現時真需要載豬用，麻煩您向永昌兄說一下，能暫慢一兩個月，讓我方便一下。

另外一點就是我打算不讓阿耀他們負擔太重，要邊開計程車邊工作，有全兄，請放心，我不會分心，我前面不是提示運動現實生活化嗎？為什麼我要這樣呢？其實我讓一個人感召到，就是在高雄做勞運林連輝，他是工黨的人，我與他到現在並不認識，可是從多人口風中對他佩服不已，他目前是在一家石化工廠上班，而能在下班之餘，運作一百多個產業公會。

我目前在甲仙開發一個基點，未來看是否影響高縣農權會運作改進嘛，另外（衫林、六龜、內門、旗山、美濃）是我的計劃。有全兄：現時世界上能得到你這位兄哥如此關心，我覺得很幸福，尤其夜晚邊騎機車時邊想到您的關懷，真的，有一種莫名其妙衝勁。

祝平安

弟

阿樺寫的

1988.11.13 夜暝

在經濟起飛的八〇年代末，三十歲左右的詹益樺正思考著這些。他留下來的文字太少，提起URM這段，並不是說URM致使他走向自焚一途，而是從此切入，或多或少能讓我們理解詹益樺的其他可能，因為URM對成員的期許，和詹益樺所實踐的想法確實有一定程度的相似。我之所以被詹益樺觸動，其實是在知道其生命歷程後，閱讀到當時時代雜誌記者江瑞添所寫的〈詹益樺自焚前的精神狀態〉一文。

鄭南榕自焚之後，詹益樺曾經在台北住了一個星期，後來回到高雄，一直到五月十五日他才到台北，帶著死亡一起北上，準備參加五一九鄭南榕的告別式出殯遊行。

五月十五日深夜，記者在偶然的機會裡和阿樺碰面，談起他一次深刻的經驗。

記者問：「你回到高雄，都在做些什麼事？」

阿樺：「我沒有做事，我到山上沉思，一個人想南榕的事，大部分時間在讀聖經。」

「我告訴你一個神秘的經驗，我到了那個境界，我看見了光，我進去探訪，但是我很怕！所以我跑出來！回到台北。」阿樺以一種神秘而誠摯的表情，繼續陳述。

記者：「那到底是怎樣的一個世界？」

阿樺：「就是我看見了光，我開門進去，發現裡面是兩個世界，一邊是光明，一邊是黑暗。我很高興，也很害怕，因為我無法把握一定進入光明的那一面，我怕進去了以後就出不來了，我還有很多事情要做，所以我就趕快出來！在出來的途中有一段黑暗的路。」

記者：「這一段路有多長？」

阿樺：「那是一種感覺，不能用距離來衡量。」

記者：「你達到這種神秘境界，是不是受到南榕自焚的影響。」

阿樺：「一開始的時候可以說是，後來就不能這樣講，那可以說是聖經上的境界，我一直在讀聖經。」

記者問阿樺，這段時間閱讀聖經，哪一篇的感受最深刻？阿樺拿起聖經，很快翻到一篇，上面敘述一位葡萄園主顧人工作，結果早晨上工、中午上工、下午上工的工人，都發給同樣工錢的故事。記者一直無法了解其中的精神內涵。

記者跟阿樺只有三次談話的機緣，但是彼此視作朋友，面對阿樺的自焚，久久失神，只有紀錄這段最後的談話，作為對阿樺的紀念。

於我而言，在鄭南榕自焚後，詹益樺對民主運動有了更深入的思考，那不只是數落國民黨政權的什麼不好，而是到底他要追求的理想社會如何，自己能做的、扮演的角色是什麼，而他顯然在鄭南榕自焚的這件事情上，看到了某種可能與啟示。詹益樺在四月三十日時便寫下遺書，距離五月十九日的自焚殉道，其實還有兩週多的時間，但彼時文字間透露出來的，是某種踏實的肯定與心境上的平和。

阿兄：

我有幾句話要說，

「相信祂」似你已經相信我已經得到。

「新生命」——不可打折去信念祂。

「依靠祂」似世人要依靠日頭光一樣。

——不可背在世上假十字架。

——要背上帝給我們的真十字架。

我最高興就是十字架上無階級！無特權！

無權威！真清楚！

十只有「愛」十

你永遠，永遠手足兄弟。
祈禱上帝安排咱留相會。

阿樺
寫
主後 1989.4.30 暝

當然，沒有人可以代替詹益樺說出他思想轉折的歷程，或是為何決定自焚的動機意念，何況在我知道詹益樺此人的當下，他也早已過世二十幾個年頭，自焚那年我甚至尚未出生。對我而言，尚且不論殉道行為本身如何，詹益樺將思想與行動結合並且內化、體現，已說明其自焚不只是為了幹一件轟轟烈烈大事，也不是未經思考的效仿行為，我也不是想表達有思想的自焚，比起沒有思想的自焚更有價值。生命的結束是個人意志的選擇，無人有資格評論，但直到今日，在台灣尚未邁向相對理想的社會前，必然還有許多的運動與抗爭，對於還活著的人們與社會，能否不用再走一次前人為後人走過、思考過的路。

某種程度上，我也認為在鄭南榕自焚後，詹益樺之所以選擇自焚，其所丟給我們的提問亦是：台灣民主運動的層次能否更往上提升[41]？詹益樺如此思考：

如果你是一位「解放」和平運動者：值當咱們台灣這一小撮「和平革命運動者」，咱很多人很茫然「和平革命」是什麼，它背後意義能對未來有什麼款作用，我的運動啟蒙點：①認清中共、國際形式及人與社會一切問題，並認清它們、批判它們；②徹底了解咱們理想③清楚各反對團體本質；④判清自己本質及層次能力；⑤捉準自己角色去參與各種和平運動。

從今天來看，便是我們都需要去思考的：民主自由的價值是什麼，個人又該如何在自己的位置上去實踐，同時，這也辯證著我們所追求的理想國度，重要的是什麼。我想，即便是所謂的台獨建國，於此也只是一種過程、方式，不是目標——毫無疑問，如果只是單單咒罵國民黨政府，自身沒有思考自身位置，在位置上能付出什麼，正是詹益樺期許民主運動要告別的處境。在他做了這個決定的過程中，他也思考著作為一個人、活著這件事情：

值當咱活在這時代，這一台灣這一事態，你會感覺不清不楚，一切，一切的是非道德價值觀已經混淆。在孩提時代，你會感覺權威壓迫你相信它，但不知道它已經剝削你。在學生時代，你會受到階級塑造你接受它，但不知道它扭曲你。在現實社會時代，你會變成一隻快樂的豬或是憂悶的豬。「現實」的承認這兩字，但不知道它切斷你生命真諦。

詹益樺生前常跟蔡海埔說，你們讀書人就是空嘴嚼舌，沒有行動。此後，他便前往高雄從事基層組織工作。「來無張遲，去無相辭」這句他特別在給母親遺書中提到的諺語，也許就如他自由不受拘束的個性，也如他參與民主運動的短短四年，他因著自己的思考與行動，在鄭南榕之後，一如他的綽號阿撒普路，那樣出人預料，踏實而沉默地穿越拒馬與鐵絲網，走到了民主運動眾人在當時難以企及的地方。

41 王智章認為雖然鄭南榕的自焚對詹益樺的衝擊很大，但卻不是促使他選擇自焚的最大原因。南榕死後，詹益樺已經超越思考其背後原因，進而深思南榕自焚的意義，是否會使反對運動邁進一步，並提升反對運動的層次。——《時代雜誌》二七七期，1989年，頁73，張美智。

## 後記

本來這篇文章希望拍成另外一部紀錄片，但種種緣故，最終還是以文字的方式完成，也因為詹益樺的關係，我才另外知道還有像是阿龍（施龍川）、阿生（鄭遷生）、阿騰（陳東騰）這些人的故事，他們也來自草根底層，曾經轟轟烈烈想做一番事情，卻在時代過後，不管是因為生病或不得志，都已離開這個世界，而我所知極少，無法寫出他們的故事。

在拜訪與詹益樺有關的人們時，我去找過蔡有全，那是在他北投住處。當時我以存在主義的觀點去看待詹益樺的運動生涯，但蔡有全不這麼認為，像哲人一般帶著一股氣息，他說著他認識的詹益樺，但後來我其實什麼都記不得了，我只記得——曾有靈感體質的蔡有全友人去他家，說他家有三個鬼魂，一個雙手張開，另一個雙手交叉抱住胸膛，那是詹益樺與鄭南榕；剩下的那一個吐出舌頭，是在蔡有全舊家後面上吊自殺的陳東騰。當下，蔡有全從容熟練地泡著茶，而我環顧四周。我相信他，但我什麼也沒有看見。

後來我一直很怕真的看見，不知道要跟他們說什麼，而如果真的有，那是我和這些我素未謀面的長輩們，最靠近的一次，不知道他們對我寫的這些滿不滿意。不久後蔡有全因心臟問題去世，一切太過突然，中間也才隔了幾個月時間，那之前我還想著要跟著蔡有全拍一段，但老天的安排是一張照片也沒有。

看到邱萬興大哥拍攝的耀伯和蔡有全合照時，突然對這段記憶有些許釋懷——那些民主運動的鬼魂，台獨運動的鬼魂，時不我予的鬼魂，我以為拍攝這部紀錄片必須承擔的鬼魂們，都出現在這張照片裡了。他們表情愉悅，至少應該是快樂的吧！希望他們能一路好走。

◆二〇一六年戴振耀（左一）、蔡有全（左二）鄭南榕殉道二十七週年紀念／邱萬興攝影

◆詹益樺紀念園區／廖建華攝影

◆詹益樺紀念園區／廖建華攝影

# 第三章

Chapter Three

## 他者之眼：主角相關訪談

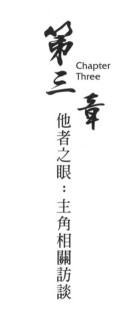

# 政治與文學交織出的曾心儀——楊翠訪談

## 政治運動中的女性

長期在台灣的白色恐怖研究，女性通常被理解為無辜受害的家屬。毋庸置疑，這是滿大一塊，而且需要非常多關注，台灣社會也關注不夠。可是只要談到女性跟政治受難，好像還是有個刻板印象：因為女人無知，所以無辜。

很少人會去談及，一群女性本身也有理念，她們是因為理念參與行動，然後因此而受到迫害，在受迫害過程中，可能無怨無悔，甚至甘願犧牲掉一些平常人可能自然擁有的，譬如親情，甚至寧願被社會貼上壞女人的標籤。

我覺得曾心儀的參與讓我們看見，女性在政治面前不是一個無知者，也不是一個無能者，更不是一個懦弱者。她們是有知、有能，而且是勇敢的參與者。

政治參與的這一塊，如果是男性，很容易被歌詠。我記得國中讀到〈林覺民與妻訣別書〉說：「意映卿卿如晤：吾今與汝訣別矣……」然後就開始講，他怎麼樣為了公義，為了大義，不能兒女情長，因為他要為了家國付出。我們都很感動，覺得這個男人真了不起，然後一個偉大的男人，背後都要有一個偉大的女人，這個女人之所以偉大，是因為她支持了偉大的男人。我們覺得一切理所當然。

可是當一個女人，為了成就她的家國大業，為理想付出，不得不犧牲她的家庭角色扮演時，肯定會被社會認為是不應當的。不見得一定是拋頭顱灑熱血，而是說她比較沒時間承擔家庭、母親的角色。因為一個女人，這個社會的認知就是母親的角色，相夫教子就是最必要的角色，而且是第一角色，除非把它做得非常非常好，才可以去做其他的事。

尤其曾心儀觸碰到的是政治。女人有兩件事被社會汙名化，一個是性，一個就是政治。比如說，成為一個商場的女強人、女企業家，也許還會被歌詠說好了不起，她可以怎樣怎樣。從曾心儀的生命歷程中，可以看見女性參與政治是如何不簡單，必須要做很多抉擇。我們也知道包括呂秀蓮、陳菊，甚至蔡英文，這些女性政治公眾人物，到一定的位置可能就捨棄婚姻，對她們來講這是必然。但當妳今天已經有了婚姻，就必須被貼上壞女人的標籤，這就是曾心儀。

曾心儀從一個清純、清麗的文藝少女，變成民主運動的女王蜂，好像形象很反差。可是對我而言，她沒有改變，她核心思想的母體沒有改變。她是要追求人類的公義跟和平，一種自由的新樂園。她為什麼喜歡楊逵？因為楊逵有一句詩，他說「老幼相扶持，一路走下去，走向自由民主，百花齊放的新樂園。」，楊逵的理念就是她的理念。

## 文字裡的曾心儀

一般人認為台灣的鄉土文學，就是寫台灣的鄉土，就是寫台灣的鄉村，或者說覺得鄉土文學，就一定只是寫實主義的文學。

曾心儀早期非常重要的兩部作品《我愛博士》跟《彩鳳的心願》，我會歸類在七〇年代的台灣鄉土文學，因為她寫出比較素樸的中南部女孩，來到台北都會，成長過程受到也許是階級的經驗，也許是情感的欺騙，這類的苦境。所以她不只是寫鄉土，她寫的其實是城鄉流動、社會變遷，然後價值觀的改變。比如說《我愛博士》，去辯證什麼樣的東西才是良善的價值，或者是純樸的價值。因為曾心儀的生命歷程比較特別，她跟一般所謂女性知識份子比較順遂的成長不一樣，她其實後來才去念大學的夜間部，做過很多不同工作，化妝師、百貨公司售貨員等等。雖然沒有到最底層，但她曾在那個時代，做過接近底層的工作。所以她見證到的不只階級問題，還包括底層女性勞動者的女性經驗，所謂百貨公司的櫃檯，看起來好像是個白領，但完全是藍領的概念。

還有另一個就是非常純樸的女性來到新世界，對於美好世界的想像，以及破滅，這兩部作品幾乎都有這樣的東西。那重點不在破滅，重點在於，原來想像中的美好世界，其實是有問題的，因為這個世界沒有那麼美好，需要我們去面對、改造，重新建造。她覺得現實對小說中的主角，就是一個新樂園，想在現實中尋找新樂園，結果發現現實沒有。所以實際上正在寫小說的作者，卻參與了台灣的民主化運動跟政治運動，為什麼？因為她知道，通過小說，我們看見的現實，其實是幻滅的。她沒有像小說那樣的無力感，她是有行動的，這實際的行動就延伸到二〇〇六年跟二〇一〇年，她的兩部長篇小說《走進福爾摩沙時光步道》和《福爾摩沙紅綠繽紛》。

這兩部作品使用書信體，會看見喜怒哀樂的節奏，浮沉非常大。有時是喜悅，有時是平和，有時是激動，有時甚至是失望、痛苦、憤怒都有。我們把書信體稱之為陰性書寫，就是她的說話方式屬於私語的、喃喃自語的，比較沒有線性時間的脈絡，不是被結構好一個完整故事的。從陰性書寫的角度來講，恰恰好因為書信體，可以展現出女性思想的多元性。長期以來，女性比較沒有掌握說話權，沒有掌握書寫權，說話方式也不被認同，被認為是叨叨絮絮，沒有邏輯、秩序，可是晚近我們的文學研究認為這樣很好，很純，可以表現真實。

我個人對《福爾摩沙》系列的評價滿高的，因為在文學形式上，她展現出非常自由、靈動，然後多重敘事聲音，有第一人稱、第二人稱、第三人稱，通過書信跟手記體，展現出多重對話的線圖，打開了比較大的敘事幅員。另外，她也透過自己的觀察跟經歷，展現出過去三十年民主化歷程中一些很隱微的點點滴滴。那些細節不是最大的政治議題，不是最大的政策問題，可是卻是確實的存在的。她自己又是眷村出身，一般會認為她應該是一個左統，可是她又是一個台獨意識的獨派。

我在跟她訪問時，她談一點，我也非常感慨。海外很多台灣人回來都是某些國家重大的節慶，比如雙十國慶或光復節。她兒子跟她見面時，手上拿的國旗是捲起來的，他不想讓媽媽看見那張國旗，因為他知道媽媽跟他的國家認同是不一樣的。她理解兒子的體貼，可是她也難過，她說：「我們是不同國的。」

所以我覺得曾心儀的作品，如實地呈現並非一個單一意識形態的路徑，它是非常繁複、多元、多重認同辯證，恰恰好就是台灣的縮影。就是曾心儀這樣作為一個失去親情的母親，才有辦法寫的，情愛的濃厚度，傷痛的濃厚度，是任何人用虛構方式無法想像的。

## 運動中的曾心儀

許多七〇年代的創作者，在後期慢慢投身到更積極的運動行列，當時覺得寫字已經來不及，不是說文學無用，而是分身乏術。創作者還能維持創作的人當然還是有，多數比較困難，大致可以分成兩種。一種比較積極投身運動，甚至可能後來變成政治人物，男性比如說像王拓，女性像呂秀蓮。就是投身進去，不管檯面上下，你要做深就沒辦法繼續創作。另外一種像李昂，她是一直做檯面下，周邊、外圍的支持運動團體，但是她不做運動的。

應該這樣說，文學青年有兩種，一種是對文學抱持著夢幻式的崇拜，另外一種是想要通過文學，抵達彼岸。曾心儀不是前者，她是後者。我不知道我這樣評價對不對，因為我本人也是這樣，楊逵也是這樣的。對我們來講，文學的成就不重要，如果曾心儀非常重視文學成就，她不會有那麼長時間放棄文學創作。

對她而言，文學的重要性不是文學本身，文學孤立存在那兒，文學沒什麼了不起，文學不神聖。文學之所以重要，是因為文學可以發揮某種力量，帶人們走到一個幸福的新樂園。所以當她在文學跟政治社會參與分身乏術時，如果立即參與到實際組織，乃至於幫助某個人去做某件事，就可以達到這個目的，我做文宣也好。至於文壇，文學作品有沒有聞名，曾心儀這個作家重不重要，能不能被寫入名人堂，我不認為是曾心儀在意的。而是，這是她最好的說話方式。

特別是八〇、九〇年代，曾心儀處於情緒非常高昂的一個狀態，寫作是困難的。我相信她有在寫，但她應該沒有滿意自己寫出來的東西，因為文學創作在情緒最高昂的階段是寫不好的。到《福爾摩沙》那兩本書的階段，我覺得她已經反芻了一些東西，但保留很多原初、原味的情緒，可以視之為把她過去幾十年的生命歷程、所思所感，跟她對台灣的情感表現出來。不是為了在文學上，要創作一個什麼樣的作品。

烏托邦永遠都要在彼岸，新樂園一定要在彼岸，沒有一個烏托邦能著落在現實。烏托邦的意義在哪裡呢？美好的原鄉，或者烏托邦的意義在哪裡？國外有個理論家叫 Henry David Thoreau，他說，原鄉我們永遠回不去，怎麼會有一個原鄉可以回去？不管是美好的過去，或美好的未來，烏托邦的圖像都必須要在彼岸，它的存在都是為了讓我們能啟程。我們可以趨近於它，所有努力都是為了趨近於它。

我不知道曾心儀怎麼想，但我會比較樂觀主義，是因為我早就知道那個烏托邦不會出現。

## 單純，我對曾心儀的印象——陳婉眞訪談

曾心儀這個人很有正義感，很單純也很直，看不順眼的就罵；所以大家也很怕她，就是不留餘地。她的個性我認為很可愛，但有時不見容於很多人。

### 從選舉結下的緣分

我們認識很久，一九七八年，我跟陳鼓應初次聯合選舉，那時她是作家，跟《夏潮》的人常有來往。她本來是幫陳鼓應助選，因為我們的選舉海報及演講背板，都有一個紅底黑色的拳頭，國民黨說我們鼓吹暴力。有次突然有個選民在演講後，跑到陳鼓應面前很凶地問他，為什麼要弄得那麼暴力？陳鼓應當場被嚇到，回來開檢討會時就說，把拳頭拿下來好不好？我說怎麼可以，不可以，哪有人選舉選到一半臨時換標章的？有一些類似的事，曾心儀看不下去，有一次一直罵他，意思是身為主帥，你怎麼可以稍微人家怎樣就動搖。她覺得陳鼓應比較沒膽。至於我，少年時比較會想說你是在怕什麼，要選舉是在怕什麼。

後來覺得每個人的經驗都不一樣，尤其陳鼓應曾遇到台大哲學系事件，讓國民黨糟蹋到耳鳴、身體不好等等，他會這樣其實很正常。我不怪他。但我感覺到曾心儀愛憎分明，她覺得對就對，不對就不對。

曾心儀給人印象最深刻的一次，就是橋頭示威遊行時。那次余登發父子被抓，我們跑下去幫忙。其實我們幾個女生，看那些男生都看得很沒路用，他們一到余家，就在客廳高談闊論，一直講話，該準備的不準備。所以我、曾心儀、艾琳達，幾個女生跑去隔壁菜市場，去布店拿一匹紅布，開始撕一條一條寫名字，就是後來遊行時大家要背的名條。

當然很緊張，國民黨派一個警總的南區司令，恐嚇無所不至，什麼都來。當時之所以大家都很怕，是因為二二八事件後長期戒嚴，沒有人敢去街頭遊行。但許信良說，余登發是高雄地方派系黑派的首領，縣長黃有仁是他女婿，媳婦余陳月瑛在當省議員，他本身又是制憲國大代表，地方勢力夠強，連他都敢抓，如果我們沒做什麼反應，以後一個個都抓光光。

出去遊行前，警總南區司令就在余家客廳，他一直擋著說你們不能出去。曾心儀就一直罵他，罵什麼我忘了，但曾心儀生氣在罵人的聲音，像是在哭，很大聲、很激動，一直罵一直罵，就像一個人很悲傷在哭那個聲音。其實她是很生氣的，她越罵越多人看，客廳外面的窗戶黑鴉鴉都是人。最後林義雄跟姚嘉文兩個律師，反而恐嚇阻擋我們的警總人員說，要告他們妨害自由，把司令等人撥到旁邊，我們就出去了。

遊行時，我跟陳菊走在最前面，拉著「堅決反對政治迫害」的布條，曾心儀和另外一個人在我後面拿竹竿把標語撐得更高，我們也在余登發他家門口貼上黨外人士聯合聲明，說明我們為什麼要來聲援余登發。雖然橋頭是個小地方，但大家都跑來看，又怕又愛看，窗戶上好幾十個頭。那是戒嚴時期第一次群眾遊行，曾心儀就很歡喜，回程時在遊覽車上跟施明德一直說，這個戒嚴三十八年的老處女齁，被我們強姦了。這句名言就是曾心儀講的，我到現在還沒忘記。

沒多久，我到了海外成為黑名單，回國現身是鄭南榕出殯那天。那天曾心儀二十四小時顧在我身邊，之後葉菊蘭邀請我去住她家，因為她家最安全，當時 Nylon 自焚不久，還有詹益樺也是，這時要是再怎樣，國民黨不敢硬來就對了。曾心儀也就是整天顧在我旁邊，她很怕我被抓走。她其實心思細膩，會用行動保護你，雖然她也不知道到底有多少力量，但會盡她一切的力量保護你。

## 衝擊的理想與現實

曾心儀是小說家，本來就比較浪漫，她還寫陳水扁選舉的那本書《心裡那蕊花》。活在自己的世界可以寫小說，但如果要透過其他比如說政治的手段，就不是這樣。必須要接受政治的爾虞我詐、骯髒事。這個圈子很複雜，有時無意間當了抓耙仔，你也不知道，無意間就已經出賣了一部分同志，就是這麼可怕。

我想說的是，曾心儀要的理想永遠沒辦法達成，人類社會理想的世界永遠沒辦法達成。她從一個作家，跳下去真正黨外的運動，而且走在最前面，但是她不適合選舉，因為個性太直，看不過就一直嗆，要選舉的人有時就是要忍。政治這種環境，不管哪一黨都一樣，沒有她想得這麼理想，沒有，這在台灣找不到，這點她可能有誤解。我知道她的理想性很高，但是理想越高，無力感會越強。雖然也有人會怕她，她是會當面搧你耳光的人，所以很多公職人員看到她，就像看到魔神仔。

我以前在台中的台建組織，跟大家一起丟汽油彈等等，那時裡頭很多的基層黨工，也被國民黨滲透。手法是國民黨看到你是很熱心的黨工，但知道你生活其實很不好過，三不五時找你去吃一頓飯、關心你，也說他自己是黨外支持者，但你怎麼知道他是國民黨的特務？三不五時探個消息，你自然會講出來，很多人無意間，就變成抓耙仔。我並沒有說這樣不好，因為現實如此。

我第一次選舉時，包括我的總幹事，很多團隊裡的人都是抓耙仔，幾乎沒有一個不是，但我知道了又能怎麼辦？有人說這樣也沒關係，讓他們知道一點，反而比較沒危險。當年我黑名單在海外不能回來，爸爸過世，我弟弟也在日本念書回不來，那個總幹事代替我披麻戴孝，穿麻衣做孝男，我明知道他是抓耙仔，但也不能怎樣。那時候我住美國，也被二十四小時監視，我盡量不聯絡家裡，因為會讓他們更麻煩，每年只在過年打一次電話給我媽，禁不起母親一再追問要索取我的電話話碼，就給她了，我還特別交代說這電話號碼千萬不能給別人，尤其是那個抓耙仔。但隔天一早我還在睡覺，那個人就從台灣打越洋電話來，我連自己母親都不能講真話。

我要說的是，那是非常扭曲的時代，人跟人之間沒有辦法信任，每個人隨時都有可能改變，可能無意，可能故意。像那個抓耙仔到現在還是吃香喝辣、飛黃騰達，有天我在彰化縣府遇到他，現在還是某某大學教授。這是我親身遇到的，但曾心儀不會，因為她太單純了。

時代一年年在變，很多東西一直往前推。現在是網路世代，即便我懂得用網路，但我們的想法不一定一樣，老了就要認老，自己要知道說，我還有什麼可以貢獻給這塊土地的，就去做，不要不自量力，如果還跟三十年前一樣丟汽油彈，人家會把你當瘋子。有理想性的人本來就是少數，尤其在政治圈裡。台灣要建國的想法跟其他國家比起來，只有幾十年歷史而已，時間很短，有很多問題不是一兩天、一兩年就可以達成，要好好認清這個事實，才不會做白工，不然你做一些徒勞無功的事情，這樣有什麼意義？

## 從曾心儀看台灣社運——艾琳達訪談

### 我認識的曾心儀

曾心儀很有主見、有脾氣，不是很畏縮的那種女人，她會掀開一些事，也不是很尊重別人的私生活有時需要隱藏。她常會直接講出很多事，多少會被認為說她這個人就是愛鬧事，早期會對她有這種印象，可是在黨外時期這是好事。

我對曾心儀比較有印象的是橋頭遊行。我們走出余登發家，要到附近小廟時，有當地的警察局長阻攔，讓我們無法繼續。曾心儀就非常凶地衝到警察前面，大罵警察怎麼可以站在獨裁政權的一方；我印象中沒辦法完全聽懂在講什麼，但警察都被她嚇到，對她沒辦法。一方面她是女生，很精緻，小小的又漂亮，警察不容易動手。情治單位本身因為傳統社會觀念，看不起女生，認為女生做什麼事情，一定是背後有男生指使。另一方面，她是外省人，中文很標準，他們沒有那種文化優勢可以對付她。這種場合，曾心儀是很有效的，有點像擋箭牌的角色。

## 關於我的政治婚姻

一九七五年，我從美國回台灣做勞工、女工研究時，我本身受美國婦女運動刺激滿大。所以離開我先生、小孩，自己創業，自己走出世界，不願意只待在狹隘的家庭環境。結果投入台灣民主運動，我是保護我自己，也保護施明德這個政治犯，因此跟這個人結婚。

沒有跟他結婚以前，我還沒體會到男女不平等的力量那麼大，台灣社會就是認為女人一定是要在男人手下，我自己的位子會被矮化。後來我真的很生氣，我以前交往的朋友，都認為我就是施明德的籌碼、資源，我做什麼事一定是他教我的。其實我們是政治婚姻，可是我還是他的財產，我還是他的太太，但他不是我的財產。

我們本來住在大豐路，後來被房東逼得要搬，背後當然是情治單位。那麼搬家，去找家具，清掃房子、廁所都是我在做，男人會做嗎？不會。普遍是女性在做，男性好像在做領導，做重要的政治動作。但很多方面女性比男性有用，男生在一些實際運作上經常是無能的。

情治單位也都認為女生是附屬品，可能夫妻兩個都是政治行動者，可是會抓男人，不會抓女人，對女人某方面也是小小的保護。美麗島事件發生後，國民黨認為我這個人艾琳達，施明德沒有叫她做什麼，把她趕出去就好。國民黨就低估我了，不知道這些國際關係是我自己掌握的，我做的事情大部分不是施明德叫我做的，是我自己想的。

當然男女不平等一定是，可是隨時會有人被逮捕、受打擊，有點跟時間在拚，這個危機感也是有種滿足感。別人看到你會尊重，甚至情治單位對你個人的敬佩，也是相當大，好像社會地位被提高。很多人真的是冒他一生、冒他的家庭的風險，這很寶貴。我覺得這個危機感，比男女性別的議題，還要重要。

## 對基層的觀察與回台後的自我調適

台灣經濟起飛後，開始有中產階級。我記得印象最深的，大概是一九七七年，第一次在台北吃到有台菜餐廳，因為過去都是上海菜、四川菜等等，真的能感覺到台灣人開始有錢可以花。

那個時代不像現在到處都有餐廳，社會一般比較貧困。我想黨外會出現，還是跟台灣的外銷經濟有關。一些本省人賺到錢，國民黨那時會容忍這些商業團體，一方面是國際觀、國際交流，也一方面也是要促進外銷經濟。外銷經濟得利者較多是本省人，外省人是次要的，所以開始有本省籍的中產階級，有黨外的某種經濟基礎。

另外在一九七五年左右，進入公家機關或成為老師、律師的，越來越多是本省人，當然外省籍還是有他的特權、優勢。可是黨外的時候，有非常多國高中老師是本省人，對台灣史稍微有點觀念，也會投入黨外運動。所以八〇年代多點人參加，可以理解為台灣社會的變化，而美金換台幣調準，台幣變大，等於台灣走到比較有空閒的社會。

美麗島事件以後，我大概十年不能回來，離開台灣的期間，我去念了左派的書。想要了解菲律賓、韓國、南美洲，一些國際的事情和政治理論。我是一九九〇年回來，剛解嚴，社會運動相當活躍，我到處照相，照很多基層組織，像新國家運動、勞工運動、環保運動等等，台灣真的是到處都在動。不只台灣，世界上都有這個現象，好像大家被解放，可以感覺到有一個基層力量在發展。但等到一上選舉軌道，民進黨正式接了一些位子，立法院裡少數三成，百分之八十左右的社會動能，幾乎停頓。民進黨中一些走勞工運動的人，就跟我講他們被排擠，意即民進黨不注重勞工運動。

回來後不久，我很快就知道我不會被民進黨接納。最基本就是我較反美的立場，我認為台灣人應該搞清楚，美國長久支持獨裁政權，所以蔣家在台灣那麼強，背後是美國。但不管是在台灣或是在美國的台灣人，他們一直站在請求美國國會，或是請求美國國務院的角色。

所以或許我會期待說，我花那麼多時間讀書，了解一些比較批判性的國際趨勢，可是沒看到成果。當然有些人從社運學習滿多，也有些人慢慢把在社會運動學到的東西，變成商業機會。有些人已經付出一些代價，離婚失業，只好承認失敗。

我自己是否心理調整不過來，或許有，長久以來覺得看不到我的學術前途、成就。在美國和台灣都沒有財產，但或許不能當作心理問題，因為也是這段時間，我有成就感，也許很多人感謝我，那就不錯，即使我長久有這種失落感。

我覺得其實你不要走主流，都可以生存，整個社會是非常富有的。不管美國還是台灣，我穿二手衣，在街上撿二手傢俱，我也學會做秘書、做文書處理，我可以不要太高階的工作活著。所以看我的例子，不一定要把職業當作最重要，也不一定要把錢當最重要，爬山、游泳，大自然是免費的，也可以讓我們很高興，只是要調適這個思考。

自己能有時間創作，藝術、音樂也很寶貴，我看很認真上班的人都很苦悶，社會運動很多方面是比較有樂趣的生活方式，不一定要那麼講究物質環境，只要過得去就好。

# 都在追尋生命的意義——黃泰山訪談

## 反對運動內也有階級

一九九〇年，我跟康仔在美國初次碰面。那年他去接受鄭南榕獎頒獎，我跟著URM高級班受訓；因為他穿著整齊，當時我還以為他是教授，在街頭基層都亂穿，沒人像他一樣。結果不是教授，是台灣的基層黨工。

年輕的他風度翩翩，又高瘦又英俊。他不是知識份子，是很樸素、有熱情的左翼。當時海外有些左翼回台要做組織，他們第一個先找我，康仔有些左傾意識，我就招他進來組織讀書會，關係這樣發展起來。

當時反對運動裡，階級有很大落差。頭人明星是眾星拱月，跑去選舉，基層黨工都默默無聞，被抓的卻是基層黨工較多。嚴格講起來，不是社會階級，是組織裡的階級；但組織裡的階級，會擴展到他自己在社會上的階級、身分。比方說康仔的出身也是艱苦人，因為這種感受，讓他有很大不平。

通常大部分下層階級不會覺醒，不會認識到他的處境，要有一個啟蒙過程。當時台灣的運動，主要追求民族獨立跟民主開放，尤其一九九〇年代，台灣意識高漲，民族主義會掩蓋整個階級問題，雖然說反對運動裡有階級落差，但是大部分黨工不會感受到。對基層黨工來說，反對運動表面上看起來是民主運動，實際上最大的動力是台獨運動，也就是台灣人的意識抬頭。

另外，到底走體制內或體制外，這個問題在一九九〇年一直辯論。街頭運動是基層黨工的主要舞台，因為體制內的政治他們是邊緣，無法參與。當民進黨在一九九三年慢慢退出街頭運動後，基層黨工有種很強烈的被拋棄感。

我舉個例子。新潮流提出內部民主，就是他們標榜公職作為運動工具，所以內部要民主，最典型的是李逸洋服務處，當年康惟壤、黃國良都在那裡。本來依理想，服務處要民主化，黨工共同決策，但實際上不可能。因為李逸洋當市議員，整個資源都在他手上。那次服務處發生衝突，主要是新光女工抗議事件，服務處的黨工認為要去支援，裡面民主決策就過了，所以開始寫白布條。李逸洋很生氣，為什麼沒經過他同意，很多黨工就此跟李逸洋決裂並退出。為什麼黨工無法參與體制內運動，很簡單，體制內運動就是菁英組織。你進去可以當的角色就是打工的。

## 時代的浪潮

以大局勢來看，一九八六到一九九六這十年之間，是舊體制的解散，新體制尚未形成。台灣有個運動空間，真正可以讓人民運作民主，很多民眾有這個能力，不是像知識份子或菁英說他們是噗浪貢，無法組織或沒有理性，後來有的人也參與基層像是代表、里長的選舉。民進黨的地方基層，是靠這些人運作，他們運作的核心不是血緣或利益，而是參與民主運動來的。

對南部或無法參與主流政治的基層，他在街頭有個空間，所以台灣各地都有組織，但不是政治組織，是基層組織，比如說基隆民主促進會、新竹風城、台北北基會。他們組織能力不輸菁英，但新體制形成後，進入新的資本主義民主體制，很多組織就解散了，基層的人失去舞台空間。

對個人來說，為什麼那時有那麼多人願意被關或放棄家庭，選擇投入？當然政治上的召喚，包括對國民黨長期的不滿；民族認同的召喚，像鄭南榕自焚這種召喚以外，靠這個召喚是撐不久。為什麼他們撐這麼久？因為他們在這個舞台得到自我。平常他們是計程車司機、做粗工，甚至沒有工作。雖然他們不是什麼大人物，在運動裡也不能扮演什麼重要角色，但他們得到肯定，而且覺得運動有前途、有希望，這是一個很重要的力量。

一九九〇年三月學運前，海外開始有一些左派知識份子回來，有一些是黑名單，有一些不是。第一個扛大旗回來要發展左派運動的是張金策，他當時是黑名單，被通緝不能回來。回來發展組織的是鍾維達，他那時先在勞陣，我跟他是在URM（社運訓練組織）認識，那時URM辦很多營隊，學組織技巧，我跟鍾維達扮演的是協助訓練。從這點也可以看到基層風行自我訓練，不是黑白來的。

## 《群眾》雜誌與電台力量

康仔當時是左傾的，又是北基會總幹事，四處演講，我們開始邀他跟一些基層組讀書會。經過好幾年，直到張金策回台之前，都是以讀書會、帶營隊方式發展。張金策回來後，他覺得列寧《怎麼辦》裡，主張必須採取意識形態政治鬥爭，要靠媒體。他回來時剛好舊媒體崩解，新媒體出來，文字媒體已經沒落，自立晚報已倒閉，黨外雜誌也差不多消失殆盡。我們也有討論，這種文字媒體是不是能發揮作用？那時考量是說，這不是宣傳的雜誌，更重要是透過雜誌社，來凝聚組織。列寧說發動意識形態政治鬥爭兩個方法，辦雜誌跟群眾演講，我們那時就到處全台走透透，很累、很難辦。

列寧說的兩個方式那時適合，我們也有做，但是重點不同；你不可能透過街頭演講與雜誌，進行大規模意識形態政治鬥爭。雜誌社變成訓練跟團結組織的工具，訓練很多人去街頭演講、宣傳。組織因為這樣組成。

有一個很特別的情形是，在這個階段，知識份子占多數，學生加入雜誌的編輯、演講、讀書會等等。一九九四年，我們改成經營電台「群眾之聲」，發展新的形式，知識份子、學生漸漸退出，基層民眾漸漸進來，真的以基層群眾為主。

最早的民主電視叫閉路電視，本來是非法的，後來一些政治人物把閉路電視變成現在的有線電視。在一九九〇年代，張俊宏第一個弄地下電台，張俊宏沒做之後換他的助理許榮棋弄「台灣之聲」。他們因為會 call out 去跟政治人物和官員「結」（鬥），所以很紅。當時我們還在辦雜誌，覺得電台是更新、規模更大的宣傳工具，本來沒本錢做，剛好有個機會就接下台灣之聲這個電台。

經濟因素，雜誌社那時已經很難運作，但地下電台其實是曇花一現的東西，是舊的黨國媒體體制開始崩盤後，所產生的機會。文字的時代已經過去，電子時代即將來臨，大眾媒體會被壟斷，不可能讓小成本的媒體活動。為什麼那幾年地下電台可以那麼大？只因過去黨國的電子媒體體制崩盤，新媒體尚未形成。

那時電視台只有TVBS，民視還沒出來，後來頻道開始開放，新的電台包括綠色民主電台、寶島之聲開始合法化、體制化後，給沒資本的、不同政治理念的人可以拿來宣傳的工具，很快又消失。主要是電台開放後，資本額很高。我記得那時申請，寶島之聲透過專業人才寫計畫，是整卡車一箱箱文件，我們是一本Ａ４要跟人家申請。

就整個歷史來看，威權體制由黨國控制，轉成資本主義時由資本控制。沒資本的基層弱勢，一樣沒聲音；兩者交接時，出現很多空間，只是很多人不知道，這只是短暫的轉場，所以你會覺得怎麼空間越來越流失，到最後無法存在。建國廣場撐最久，撐到最後也沒辦法。新的體制產生，新的言論控制，但不知道是誰，因為是資本在控制。

## 落寞的地下電台與街頭抗爭尾聲

地下電台第一個被抄的是「台灣之聲」，被抄了好多次；第二個應該是綠色和平，第三個才是群眾之聲。不知道第幾次才到群眾之聲。當時地下電台算是街頭抗爭的發動者，我想李登輝政府也是有意壓制街頭運動，就是統治者要弭平動亂抗爭來源。

當時最抗爭最激進的就是地下電台，電台跟計程車司機結合，對統治者來說當然不樂意看見。當時 call in 最多的是勞動階層和中小企業，電台和電視不同，電視要看，電台可以邊工作邊聽。節目有熱門、有冷門，像我的就很冷門，但一定有幾個死忠聽眾每天 call in。電台有兩個不同的發展方向，一個是你能讓民眾增加資訊，一個是你把民眾限縮在更小的地方。

比如說，台灣之聲，就是反國民黨、國會問題、台獨等等，他會吸引一樣的人，跟臉書一樣，一方面把訊息擴增，但也會聚集同樣的人，同溫層的聲音越來越強，內部強化，不一樣的聲音不可能存在。運動電台不是民主電台，不是給你發表各種意見的，他是要運動的，你可以了解一般民眾的聲音，但是，要知覺一點，了解自己是小族群，跟大社會有很大距離。所以後來我去弄社區大學後才發覺，原來社會是這樣，不是像在電台聽到的聲音。

這是群眾之聲的特別，因為其他電台都沒人罵民進黨。但群眾之聲會批評民進黨，引起很大爭論。開始有人支持，也有人會攻擊。有個印象很深的聽眾叫木瓜就是，本來是支持民進黨，後來對民進黨失望，就罵民進黨，就有人一直攻擊他。所以後來民進黨對地下電台的態度並不好，不歡迎，也不支持。

群眾之聲被抄台那天，其實完全失控，群眾無法控制，宣傳車還沒到前面，就已經有人放火在燒。抄台前後是一九九四年，台灣街頭運動最激烈的時候，有人死亡，街頭混戰。全民計程車小叮噹那個事件，就是台灣國的師傅，在電台指揮要丟瓦斯，已經到暴動程度。八〇一事件也是在那個激烈氣氛裡。

## 一己之力改做動保

資本主義現在是全球化，要對抗的怪獸，早就不是十九世紀民族國家的資本主義怪獸。那個資本力量全球流動，國家完全被摧枯拉朽，無可制衡。

早期的社會主義運動，要奪取國家政權，改造社會。現在不可能，國家完全不是對手，國家只能附和、諂媚資本主義制度。左派沒落。全球化後，發現整個資本主義體制是一個新的怪獸，只能自我滅亡，沒辦法改變什麼。

我覺得我也老了，螳臂還要去擋一部車不可能。我是一個必須要有意義的人，生活沒有意義比死還難過。動保不只是貓狗，我就從最小的地方做起，至少是生命，沒想要得到什麼，做動保就是我人生最後的階段。

過去年輕想要推翻天下，現在只想要做這一小部分。

# 非典型定位的康仔——吳永毅訪談

## 左翼運動之眼

如果要看康惟壤這個人，不論從比較理論性的分析，或從左翼運動角度，還是要看非知識份子的群眾，本身能不能發展出他自己的組織跟運動者角度，去理解康惟壤。

應該在九〇年代初，我那時在工委會（工人立法行動委員會），康惟壤在《群眾》雜誌，彼此有一些合作案，會互相聲援。工委會基本上在工會脈絡底下運動，會帶著自己的群眾，比如九〇年代上半的基隆客運罷工，就是工會會員，最多加上工會會員家屬，再加上工會運動團體，運動的形式跟成員便是這樣。

《群眾》在當時很不一樣，沒有特定的組織對象，現在看來就是採取街頭宣講的方式，做階級觀念傳播。《群眾》跟勞工陣線都主張要在民進黨內發展階級路線，但那時我們就是清楚主張要在民進黨之外。

從現在觀察的話，康惟壤大概是《群眾》裡非知識份子的幹部或組織者，他的特殊性可能是在這個角度。

## 比知識份子更好的幹部

有意思的地方是說，搞左翼運動就是希望要有群眾，而且要從群眾產生幹部跟領導人，或者是重要的決策成員。這是左翼運動非常重要的一塊，包括我們在工會運動也是這樣。知識份子去參與運動，但一定希望在整個決策核心裡，不是只有知識份子。就是說，在運動的過程中，怎樣可以讓非知識份子有跟知識份子一樣的決策份量。

在自己的運動或別人的運動中，我們都會觀察或期待看到這一點，從這個角度，我覺得《群眾》有做到，剛才說的培養非知識份子幹部。因為後來像民進黨進入選舉，黨工其實都被犧牲，或者說默默的勞動者很少進入決策核心。

康惟壤我覺得是其中一個典型，他能成功地用群眾的語言，跟群眾對話，做電台主持。他在政治的意識形態、態度上，我覺得在民進黨的黨工裡，算是比較開放、有整合能力、包容性的，他同時具備到幾個多元能力，甚至有時超過知識份子。

因為我同時接觸到跟他相同類型，新潮流培養的非知識份子型運動者或組織者，他們三不五時就會忍不住把民進黨的價值觀、獨派價值觀，或是本土價值觀，凌駕到階級運動上，就是會提出來戳一下、反駁一下。我不曉得康惟壤本來就是意識形態比較開放，或他被訓練在組織上不做這些東西，我覺得他就是比較自然用階級問題或者是用中下階層一般生活的問題接合，階級外的政治價值觀，他比較少帶出來。如果他要帶，他也會是用比較具有階級觀念的東西，他轉化得很好。

## 解嚴前後勞動階級的錯誤期待

那一批在八〇年代所謂有黨外意識的勞動階級，或自雇者的勞動階級，他們對民進黨有極大的期望，希望底層要翻身。因為在國民黨時代，底層勞動者被打壓得很厲害，各種反抗或勞資爭議幾乎不可能成功。工廠裡面勞動者可能還不見得最多的，最多的衝組是像康惟壤這一類，非典型就業；特別是平常會遇到被國民黨警察體系壓制的計程車司機、攤販、打零工的人，他們就變成所謂黨外運動的主要積極群眾。也就是民進黨的衝組，他們希望在民進黨上升，特別是解嚴後，會變成他們的某種翻身機會。

但整個黨外運動轉化到政治運動時，階級運動非常被邊緣化。這群在八〇年代被啟蒙的勞動者，包括新光紡織士林廠抗爭，在當時就有非常錯誤的期待，他們以為譬如新國家運動等等龐大的政治運動，會變成階級運動的助力，讓他們整個被財團打壓的狀況可以翻轉。但是最後完全沒有發生。

像徐凌雲，謝長廷非常重要的支持者，因為看到謝長廷整個相關的黨外運動，整個民進黨的力量在上升，他覺得這些上升力量可以解決他的關廠爭議，但是最後沒有發生。在這個期待太高又失望之下，那場抗爭的最後是精神崩潰。我覺得很多民進黨邊緣的黨工，有類似的情況，我在我寫的〈我在新光紡織抗爭看到的〉裡舉了一些，包括後來上吊自殺，要死諫民進黨的幾個黨工代表。九〇年甚至到兩千年以後，基本上都是這個趨勢。

像康惟壤他們《群眾》，是在所謂菁英的公職化選舉後，還不甘心繼續要做一個群眾性運動，沒有像我剛剛說的新光那樣，那些人就受到很大挫敗，比較虛無化，或者退出整個運動。

從勞動者的角度，到陳水扁執政八年以後，社會上相對比較知道為什麼民進黨不可以寄望。陳水扁執政以前，他幾乎是最大的唯一反國民黨或說進步力量，而且看起來是比較有可能成形的，所以九〇年代要去講這個東西非常困難。

當然這是事後諸葛，當時地下電台的確受到很大支持，特別在一九九六年李登輝選舉前。所謂反國民黨力量的激進群眾，覺得公職選舉不是唯一路線，想要再闖一條路線出來的脈絡下，我覺得是最後在嘗試或吸納這一股力量，從《群眾》到後來《群眾》解散後還有一個建國廣場，基本上是這樣。

## 開始走自己的路

《群眾》瓦解以後，康惟壤有找我們幾個工委會成員，去他的協會聊天、坐坐，看什麼可以怎麼搞，那時就比較清楚看到，他想要用自己的方式繼續運作。去組織那些比較非典型的勞動者，攤販、計程車司機、雜工之類的，跟我們工會型態非常不一樣。從我的角度，那個組織空間上不一樣，我們工會畢竟是同一個工廠、同一個空間，他那個要組織的對象，分散在不同地方，雖然職業型態可能會相似，可是在不同空間。

康惟壤開始要自己組織協會，或自己要搞組織的時候，剛好是階級運動最糟的時候。

九〇年代中國變成世界工廠，台灣整個製造業的資本，就是作為台灣經濟奇蹟最主要的資本移往中國，當時關廠還不是全部移到中國，還有一些是移到東南亞。台灣的資本外移基本上是從小工廠先去，要關到三、四百間廠的時候，才知道關廠風潮來了，但其實已是尾端。因為那時我們關廠抗爭的員工是四百人到一千人，這表示大規模的中上游企業，已經外移。

台灣經濟開始變差，服務業又補不上來。九〇年代總統直選，李登輝因為要確立國民黨政權本土化，開始跟財團結盟，才有不同團體發起的反金權聯盟。從多重角度來說，九〇年代到兩千年，是搞階級運動極不利的時間，因為資本在外移，接著政治上大家覺得像陳水扁這種本土力量，可以完成所有政治理想。

所以我認為康惟壤要搞一個民進黨之外的階級運動，是極困難的。他遇到的挫折完全可以理解，包括我們算有一點基礎的工會運動，在那段期間也是一樣。一九九七年左右，從我們工委會角度那時有在觀察，看他這一支到底能不能發展出來？後來就是也有很多瓶頸。

從組織條件來看，我們會以中小型民營企業為主，他比較貼近多數一般勞動者的勞動狀態，我們一直想組，但是組不起來。我們也曾經討論，是不是用職業工會組織，不是在同一企業分散的勞動者。我相信當時康惟壤也討論過。那最後他是用政黨形式，如果當時工會法修過，他說不定也會去找職業工會。

從左翼運動來說，你不能只組工會，工會他是特定的一群勞動者，他有一定的代表性，但是他有更多零散勞動者，你怎麼辦？那也是該組織的，但是是困難的。從不同歷史時期的角度觀察，他都是在政治運動高峰時，才能組織到這些人，他是在一個大的政治運動底下，那些零散的人集中到一個空間或聚會點。但是，在運動低潮，沒了地下電台，民進黨在上升，即便有固定工會的都在下降中，他要去組一個這樣的協會，從我們角度來說就是超困難的，但他就是在做這個事情。

## 自我發展的決策者

從運動理論的角度看，康惟壤就是從運動中，自己發展出來的決策者。市井小民是他的價值觀，他的型態就是在街頭宣講，那時他最主要的組織方式是邀人到他的空間喝茶。就是聊天，極度耗時的聊天。

事後，我覺得康惟壤自己出來開始慢慢搞的那一段，不是看不清狀況，是他覺得非要做下去不可，是他不放棄，我比較會說這樣。經過《群眾》洗禮，然後他自己的歷練，從黨外樁腳到群眾的某種決策者跟獨當一面的組織者，或者團隊中的獨當一面，他都有一定程度的能力跟價值觀讓他堅持。

我覺得他這樣的人的存在，的確是一個檢驗某種左翼運動的成敗標準之一。就是你在運動中，有沒有出現自己經過運動的長期發展，而變成群眾所產生的領導者、決策者或工作者。

從這個角度去看他比較重要。我也不會以一時成敗看他，大運動的條件的確太差，特別是像原來《群眾》去嘗試的路線，或他嘗試以非工會為主的路線，去發展階級運動，我覺得還是重要的實驗。

# 開戰車・和康仔一起的視角——林清文訪談

## 退伍後的政治啟蒙

◆ 林清文／廖建華攝影

康仔這個人非常活潑，也確實有他的吸引力，在運動場合麥克風拿得非常穩，而且當時拿麥克風的人並不多。我和他不同，我比較是做一些勞動工作。

我本來學做塑膠，十四、五歲就出來做工，在工廠學功夫。退伍後，我就去外面開塑膠的包裝材料行，賣像是垃圾袋、杯子、保麗龍、碗筷、免洗餐具。有天，一位客人上門來買東西，當時我不知道他是一個政治犯，姓劉的先生；他在開早餐店，來的時候很客氣，叫我們送貨，約好下午幾點把東西送到他店裡。送過去後，他很客氣說東西放著，稍微坐一下，拿一些雜誌或宣傳單給我，請我喝茶，說：「抱歉剛剛在忙，你剛剛看那些覺得怎樣？」，看完如果有不懂他會跟我說明，後來才知道他是故意的，算是做啟蒙的工作。

那時候突然間……以前我們也沒有接觸過這個嘛！活到三十幾歲，除了做工、顧家庭，都不曾接觸過，突然把這扇門打開，哇！怎麼和我所想的不一樣！完全不一樣。慢慢在聊天過程中，才開始接觸過去台灣發生的事，因此慢慢進入一些民主運動、群眾運動的工作。

## 當義工的抗爭記憶

以前在群眾雜誌社很好玩，有很多人，我們開車到處辦演講場，去公園、廟口，很多關心的人就會聚集，從哪裡來也不知道，來了就會幫忙、提供支援。群眾電台時期，八〇一事件衝突印象最深。那時我們被「抄台」，當年會支持群眾電台的人，很多都是反對國民黨，在電台批評、幹譙國民黨，他就很爽了。後來國民黨就很不爽，想辦法抄台。

抄台很有趣就是說，他們想說要怎麼把我們弄掉，我們這邊就想說要怎麼擋，甚至還有直升機把架在屋頂上的發射器載走。當時有好幾個月都在搞這些事，被搬走一次設備後，我

◆ 一九九四年國民黨中央黨部拆除／謝三泰攝影

們就會募資買設備，再復台。當時連續幾個月，一些群眾都在電台外，擔心電台會被國民黨抄走，那就會有很多工作可以做……

還有一場抗議我印象很深。那時舊國民黨中央黨部要拆，建物是日治時期留下來的紅厝，是以前日本人蓋的古蹟，將近百年。國民黨來了後占成中央黨部，但那是矮房，他們想要蓋大樓，正好在總統府的正對面。所以我們就想要保護起來，不讓他們拆。

當時有很多學生跟教授陳情，國民黨騙大家沒有要拆，那時剛好四月，其中一天我們為此弄了遊行。遊行結束後的半夜，就有挖土機出動，但我們剩下不到幾個人便被警察趕走。那時流行地下電台，很多計程車車上有收音機，我們就在線上 call 人，有很多人到場支援，但又無法阻止，所以大家都很生氣。

我那時是開「群眾之聲」一台紅色的廣播車，帶著很多輛計程車去臭頭仔廟，之後去仁愛路的國民黨中央黨部。去忠孝東路的國民黨台北市黨部時，我改換自己的私家車跟在抗議隊伍的後面，那時算了一下，差不多有一百台以上的計程車跟著，從仁愛路開過去，我從後面看真的很漂亮，覺得台灣建國有望了。

天快亮時，整個台北市沸騰著，國民黨台北市黨部前剛好有一個華視記者，拿攝影機，跟在群眾後面拍。過程中，他有拍到很多抗爭的群眾。當時，記者的錄影帶都會交給檢調單位，很多人因此被起訴。這些人為了運動，受到司法折磨，比較有經驗的人就圍起他，要求交出錄影帶。

記者不願意交出，幾個人不讓他離開，就有了一些拉扯。混亂中，我在旁邊看，有人說要打他時，我就擋下來說不能打，帶子交出來就好。動手去拿的人我也不認識，拿到後人潮散掉，當然就開車回家。天亮後三重分局打來問，有台藍色的車，車號幾號，叫什麼名字，拿了錄影帶。裡頭一個組長一直打電話，因為以前在黨部跟他接觸過算認識，他說你出來保證沒事，但我怎麼可能相信。

我就跑路。那時《侏儸紀公園》剛上映，我在電影院看了一個多月沒回家，想說等抓不到人，沒辦法偵查；移送法院後，法院發傳票再去就好。結果等到法院開庭，不知是誰叫了義務律師，由台權會的邱晃泉律師協助，打到高等法院都沒有拿我半毛錢。原本地院判八十天，高等改判五十天、易科罰金一天九百元。本來我想說不要易科罰金，我阿母就說有錢幹嘛被關？我想說沒被關過，五十天而已被關關看，體驗一下，一輩子也只有這個機會。我那時出庭都穿白衣黑褲，讓法官要看好，不要黑白判。

## 黨部與選舉

◆林清文（右一）在民進黨三重市黨部時期／林清文提供

後來，民進黨三重市黨部缺一個幹事，黨部那些人可能看我非常投入便找我去，我也很高興。不計較薪水、上班時間、福利，那些都違反勞基法，哪有假日，假日就是最忙的時候！根本也沒什麼休息。

一九九二年有許多沒上班、在公園乘涼的老人，年紀大了，都在談社會事、講政治。對他們來說之前被國民黨

◆ 林清文（左一）在台南口碑教會的 URM 受訓／林清文提供

◆ 幫忙陳婉真助選／林清文提供

欺負、被糟蹋都憋在心裡很久了，好不容易有機會去抗議國民黨，他們都自動自發去。

當時，我只要一開戰車，就是以前用舊車改的宣傳車。一開去公園，用車上的麥克風說現在要去哪裡，有空閒時間的上車一起來，載都載不完，車上坐滿滿。有時覺得整台車人太多，還要拜託他們：「不然年紀大點的，待在這等消息就好，不要過去，因為人太多了。」

那時我還算年輕，三十出頭，其他都是一些歐吉桑，他們都叫我幼齒的；在市黨部裡，都是五、六十歲到七、八十歲的人，他們看到我非常高興。當時我做全職，整天顧在市黨部，家庭就少參與。

那時心裡有一種使命感，因為參加一些政治活動，覺得台灣如果沒有我們參與不行。有那個使命感，哪裡有事情，就往哪裡去。

康惟壤選舉時也沒找我，就是很自然過去。他那時出來選，是我們一個火鍋會、群眾雜誌社、群眾電台和環境保護聯盟台北分會，一些朋友主動幫忙。在團體裡每個人有自己的工作，有人要選舉，就讓他代表我們出頭，讓他建立社會上的知名度，對運動會有很大幫助。

康仔會選輸，我想最主要他是用台聯提名。那時台聯的地方組織比較不夠，他沒辦法拿到民進黨的提名，他好像選兩次，一次選市民代表，一次選縣議員，兩次都沒有選上。

運動跟選舉有時有衝突、矛盾，運動忙得要命，哪有時間想選舉，選舉是一時的。不能為了選舉，就停下運動。如果平時在地方你不參與選舉時，其他政治人物會支持運動的理念，不過在選舉時，兩邊都會推候選人出來選，那也會有矛盾。

我那時的想法是，選舉是運動的工具。康仔選兩次沒選上，我選我們這里的里長，也沒選上。不過那年代大家做生意算容易賺錢，隨便做隨便賺，選舉花個三、五十萬，也沒什麼感覺。

## 運動對我的意義

那時我就覺得一輩子活得比較有意義，比較有對社會做一些工作。我媽媽說，你家庭顧好，生意好好做，吃爸靠爸、吃媽靠媽，什麼人管理台灣都一樣。家裡就是會擔心，但就想說不行，一定要出來跟國民黨輸贏！不能恬恬在家裡，不能只想著賺錢，那時思想有一些改變，我就比較投入。

那感覺就像著迷，比較迷這個，有的親朋好友看到我把家庭和工作放到一邊，也會說你不要管那麼多。但家庭當然要做一些安排，我就跟小孩的媽媽說，我可能比較沒辦法再投入做生意；但因為還有兩個小孩，不然我們保守一點，做小一點，做零售的就好，不要做太大。那時我已經去市黨部上班，三十幾歲應該是做生意賺錢的時候，我不是公務人員，也不是田僑仔有什麼財產，我是要做才有得吃。

有一個已逝的朋友，以前也是參與非常多。二〇〇〇年陳水扁執政，我們也年紀稍長，私底下見面大家都很高興，他那時身體就不好，跟我說阿扁當選死也甘願了。也有朋友問說，你過去投入這麼深，民進黨執政後，有沒有跟你安排一個什麼位置嗎？我說沒有！如果要人家給我安排什麼，我跟國民黨不就都一樣了？以前國民黨就是這樣搞啊！利用特權，我們就是不滿他們這樣搞。如果是這樣，我們就不用去反對國民黨，如果台灣人都這樣想的話，那台灣以後有什麼希望？

以前新潮流說不要輕易犧牲，但那時候如果走體制外，就是要犧牲奉獻；鄭南榕跟詹益樺可能也是這樣吧，因為有這種想法，才會甘願犧牲。我在想，他們那時候犧牲，可能也是很高興的，有很多人也是這樣子想。

犧牲換來覺醒，就用那種心態，我們就犧牲，犧牲越多，覺醒的人越多。

參與過程裡，有一些運動歌曲都在開宣傳車時放，不只放給別人聽，自己也在聽。不久前，我遇到王明哲，因為以前會聽他的錄音帶，我就說，聽你以前唱的那些歌，都被你害死。當然那時的想法和歌曲符合，整天就在想說要怎麼做比較多運動的工作，趕快改變這個社會，改變這個政治。那時很辛苦，要反抗中華民國和國民黨，沒那麼簡單。

但就是想跟國民黨車拚，想東想西，要用汽油彈要跟他輸贏就對了。不是只有我，很多人都有這種想法，因為你去跟政府抗議，政府不高興出來就打，有很多這些兄弟姐妹，會被他們打、被他們抓走、被他們起訴、被抓去關啊！看到就想說，要怎麼訓練、參與比較激進

◆ 林清文／廖建華攝影

的團體，不要去玩選舉的，真的來走體制外、群眾路線的。以前民進黨還有群眾路線跟議會路線，體制內跟體制外是不一樣；之後全都走體制內，資源都在選舉，選舉就是我們現在看到的這樣。

二三十年來，我的想法變化很多。現在比較閒能想過去的事，一點一滴，一直想。比如，那時為什麼會這樣做，為什麼那個人會怎樣種種的。

那時可能比較年輕，現在年紀大了，對一些事情沒那麼衝動。那時的環境，國民黨也比較鴨霸，就是說台灣都是他的，包山包海。現在漸漸有比較合理，有一些改變。現在沒辦法革命，就用改革，改革比較溫和、法治，不合理的就一直改變、一直改變，不合理的就透過立法院立法、修法，憲法也可能改，只是那個改革的腳步就是很慢很慢。

我人生覺得有過意義和快樂的一段時間，就是開著市黨部的那一台戰車。我在總統府一直繞、一直繞、一直繞，憲兵就一直看我、一直看我、一直看我，我音樂給它放到最大聲，我就爽快了！

後記

## 明天你是否依然愛我／廖建華

如果為更美好的社會奮鬥是大愛，過好個人生活是小愛，那麼，在大愛和小愛之間，要如何拿捏、抉擇？

回顧一段關於追求民主自由、公平正義的歷史事件，可能做法是列出線性的時間與地點，不同階段的前因後果，像是三幕劇一般，重要角色逐一登場，領導者之間有怎樣不同的看法與拉扯，最後歷史會往前推進，成為得來不易的現今，而我們也常被這樣提醒。在這過程中，我常有一種錯誤的意會——追求理想社會的路上，總是會充滿悲憤的情懷——前人如此前仆後繼地犧牲奉獻，有幸承接前人成果與意志的我們，有責任要讓這個社會更好。

於是起身，一股腦地思考與行動，即使自己只是社會上的一小螺絲釘，不是那些能站上台、出現在螢光幕上的領導者們，我們在自己的崗位上，不求名利，為了台上台下，跨越時代的共同理念，持續地貢獻一份心力、勞力。

在一場抗爭當中，號角響起，參與在人群中的我們，有那麼一個選項，就是跟著往前衝，但沒人能保證我們不會受傷，不只是身體上的，還有心靈上的。當然，沒有人需要對誰負責，那都是自己的選擇，只是很可能當時的我們並不知道，選擇以外，自己還要夠強大，才不會在未來的某個深夜，發現一路的衝撞、自己所選擇的衝撞，除了厭世和虛無，早已燃燒殆盡，無力也已無感，甚至還會強烈感受到自己付出的一切，被成為某種成果的收割或代言。

我想傳達的，並不是個人投身社會抗爭，如果沒有進入權力、成為權力，便是無意義甚至失敗。但矛盾之處便在這裡：社會的確需要平凡的我們投身改變，但投身的同時，我們卻又有極大的可能在身心靈上受傷。這是在歷史、媒體上，甚至抗爭當下難以被看見的荒謬、衝突。

二〇一四年的我，因為拍了前一部紀錄片《末代叛亂犯》，認識了民主運動照片中那些領導者與菁英們身旁叫不出名字、也不是知識份子的臉孔。隔年下半，我開始拜訪更多當年民主運動街頭的基層長輩，而讓我震撼的是——原來時代的進步，竟並不代表這些投身者個人的幸福。我開始強烈地困惑著，在政治、公共投身的當下，投身者的晚景很可能會是令人感慨的，那麼當初又為何要有所付出？有什麼意義、值得嗎？

當年民主運動的基層運動者，他們不一定是民進黨員（但當時意義上多半是），卻自稱「黨工」，常在第一線與警特對峙，也被稱為「衝組」。從美麗島事件的黨外時期，到兩千年的陳水扁執政，他們的人生，也從青壯年步入老年，許多人現在的物質生活十分困頓。情感關係上，許多男性前輩會戲稱自己妻離子散，但即使如此，他們宣稱仍堅持當時的理想，並不後悔，雖然部分的人感受到被背叛——民進黨在獲得權力後，與當初他們為其相挺的理念背道而馳，更甚者覺得此後民進黨甚至不曾回頭正視過他們。

當然，也有一些長輩並不這樣想。他們認為民進黨已經達到當初他們上街頭的目的，完成階段性任務。事實上，民進黨也是一個政治政黨，理應藉由選舉取得權力，並在各議題上有其妥協與抉擇，無法只以當時起家的台獨意識形態與底層工農利益為前提運作。也或許，不是誰騙了誰的問題——那是一場愛情，在某個日常的時間點，相愛的雙方早已漸漸同床異夢而不自知。

這些基層前輩們並非每個人都那麼會「說故事」，街頭抗爭更多時候成了長輩提起當年勇的風光過往，漫天飛舞著我不知曉的前人名字，像是我沒做功課就去拜訪他們一般，偶有時候，彼此對現在的時局看法衝突，立場不合。一開始我質疑著自己，為何對長輩們敘述這樣過往的時刻，竟無法有太多的共感而有罪惡感，因此，我更努力思考這些過往事情，到底與現在的我、現在的社會有何關係。

更久以後，我感到空虛，那個空虛來自長輩們敘述的時候，我像是上完一堂枯燥乏味的歷史課一般，我也更確定，我好奇的不是他們如何抗爭，而是他們參與民主運動前的生活、抗爭時的生活、失去時代舞台之後的生活。我三十歲不到，而他們已經過完大半人生，多有六七十歲。如果幸福快樂的社會是我們持續不斷的共同目標，我們還在前往的路上，未來一定避免不了更多的運動、抗爭，我們該如何自處，也許從這些長輩們的身上見到一些什麼。

於是，拿掉過往的歷史事件，回到這些長輩們作為一個人，投入抗爭的那些當下，他們是如何在社會大愛與個人小愛之間做出選擇，又怎麼拿捏、平衡，這是主流敘事鮮少訴說，卻是我認為對未來的社會更有意義的。

《狂飆一夢》是二十五歲時的我，在此困惑狀態下，開啟追尋的旅程，當中不少時候，攝影機也紀錄下鏡頭外邊許多我的狀態，那是二十九歲的我，再也無法這麼純粹的種種片段，因為下定決心拍攝《狂飆一夢》，不全然來自我對歷史與政治的關切與狂熱，更是來自於我對自己未來人生的徬徨。

二〇一五年，我從新竹搬到台北，和夥伴們完成了《末代叛亂犯》，五月在台北火車站大廳，也辦了一場特映，因當時適逢三一八運動後一年，幾個月的時間，我跑了台灣許多地方小型播映，也享受到直接與觀眾對話的甜蜜時光。九月，該跑的邀約告一段落，本科念化學工程的我，只要想到「未來就是朝九晚五的工程師了嗎？」的時候，總是心有遺憾，自己似乎有更喜歡的事情想去做，但對於如何靠影像這行為業也是門外漢，當時的我連攝影機也不大會用，看了一下當時的存摺，內心茫然，無以為繼。

某個深夜，我突然想起那些民主運動的基層長輩們，他們的臉龐浮現，我突然很好奇，他們是如何為自己所認定的價值，付出人生大半青春，甚至拋棄了原有的工作與家庭，但當台灣的體制不再需要街頭衝撞後，他們失去了舞台，也回不去社會制度下的工作型態。這二三十年，他們是如何度過的呢？當時的我胡亂將這樣的心境，投射在長輩身上，渴望能在他們身上看到一些即使沒有功成名就、完成理想，也能好好生活之類的可能，雖然當時的我並不知道，這四年間我會目睹一些生離死別，而那些我未曾經歷的，都使我顯得只是無知和脆弱，或者說，更凸顯了長輩們面對人生的勇敢與堅韌。幸運的是，在得知許多長輩當年參與民主運動，也是因為不願被社會常規束縛著，抑或也是在尋覓日常人生的另一出口，都讓我感到安慰。

這部片子充滿我的不安與他們的勇氣。

拍攝過程中，難免會遇上一首自以為能當作主題曲的歌，但更可能是這首歌又成為了我自以為的濫情投射，抑或這首歌成為了我的心理治療師，在過程中扶持著我。那首歌是伍佰的〈last dance〉。副歌歌詞是這樣的：

妳給的愛 無助的等待
是否我一個人走 想聽見妳的挽留
春風秋雨飄飄落落只為寂寞
妳給的愛 甜美的傷害
想問問妳的心中 不願面對的不懂
明天之後不知道面前的妳是否依然愛我

這也意外地像是投身民主運動前輩們的情歌。不論是對理念的愛、對國家土地的愛、對身邊人們的愛、對自己的愛，願我們能在抵達彼岸理想國度的旅途中，善待彼此。

◆ 一九八八年聲援許蔡台獨案／謝三泰攝影

◆一九八七年聲援許蔡案／謝三泰攝影

◆一九八八年蔡有全、許曹德案開庭／邱萬興攝影

◆一九八七年蔡有全、許曹德被台灣高檢處依叛亂罪收押／邱萬興攝影

◆一九八七年台灣長老教會聲援蔡許案／邱萬興攝影

◆聲援許蔡案／北基會提供

◆聲援許蔡案／北基會提供

◆聲援許蔡案／北基會提供

◆ 聲援許蔡案／北基會提供

◆ 聲援許蔡案／北基會提供

◆聲援許蔡案／北基會提供

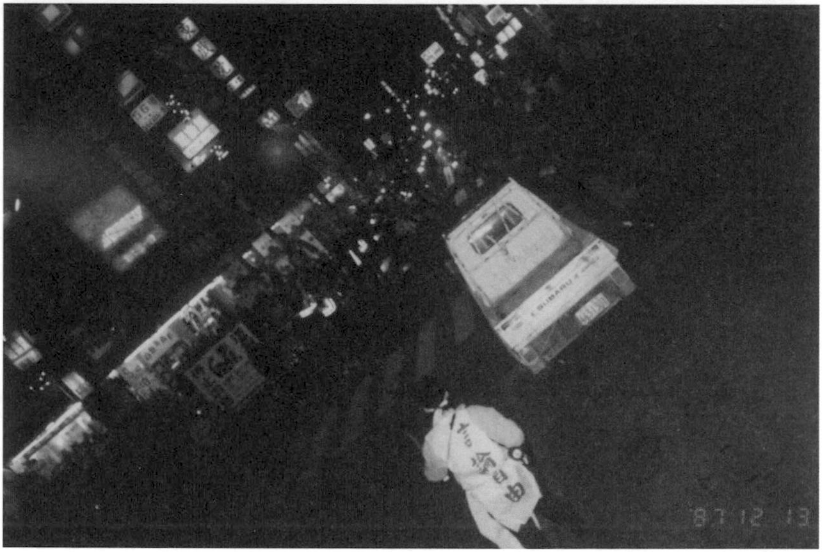


◆聲援許蔡案／北基會提供

◆聲援許蔡案／北基會提供

◆聲援許蔡案／北基會提供

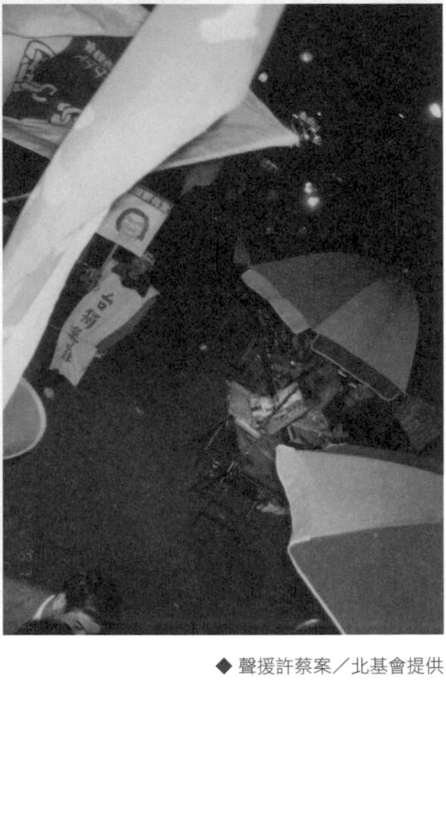

◆聲援許蔡案／北基會提供

# 狂飆一夢

特別收錄

THE PRICE
OF DEMOCRACY

## 拒絕死去的幽魂：《狂飆一夢》、《獨立時代》、《麻將》、《路易・波拿巴的霧月十八》／壁虎先生

九〇年代的幽魂它拒絕死去。

我想可能很難有其他東西比鄭智化一九九三年的歌曲〈大國民〉，更精準地捕捉到台灣的九〇年代：

「宣傳的口號說大家都有錢，貧富的差距假裝沒看見」

「禮義廉恥沒有鈔票重要」

「兩岸不通航辜汪談一談，談判像談天還是沒主張」

「一九九七要解放香港，日不落帝國向中國投降」

「有人搞台獨沒人來幫忙，放眼看大陸遍地是台商」

「台灣的未來究竟會怎麼樣，政府和人民大家還在想」

與其說《狂飆一夢》是關於「狂飆年代」的曾心儀和康惟壤，毋寧說，它是關於九〇年代的曾心儀和康惟壤，這也比較接近我們所紀錄到的他們的狀態。是在這十年間，「群眾」發現自己像是遊樂園中的「飛天椅」，在高速旋轉中斷了鍊而被從軸心拋飛出去，但它只是持續在空中飛行，直到發現周邊越來越只剩下星夜的虛無。也因此，才會有人像心儀姐，如她所述的，「與青燈為伴」；也因此，才會有人像康大哥，持續在沒人注意到的街邊，上演他活生生的、一拐一拐的左翼行動劇，如果卓別林（Charlie Chaplin）生在台灣，他會扮演康惟壤。

當然在九〇年代被拋出軸心的並不只有群眾，也不是每個人，都像我們的主人翁這樣可愛。九〇年代還有其他幽魂，然而就和其他所有的幽魂一樣，他們都拒絕死去。

當《狂飆一夢》的敘事接近最後一章，像是突然意識到自己似乎有必要，即便只是非常短暫地，脫離故事的主人翁，小心翼翼地將頭探出敘事之外，這一個霎那，被凝結為一段關於「台灣錢淹腳目」的旁白、一些股票交易所的財神賀喜新聞、以及搭配民進黨支持者雨中歡呼的關於議會路線的旁白。

《狂飆一夢》所沒有意識到的是，另一半的故事早在當年就已經被寫好，只是被大家所遺忘了，以鄭智化的歌詞作為一個藍圖，我們驚訝地發現，出現在我們面前的，正是兩部九〇年代可能最被低估的台灣電影，當《狂飆一夢》瑟瑟地將頭探出去的時候，它所看到的正是楊德昌的《獨立時代》與《麻將》。

因此我想在這裡我們或許能試著說得更多。關於那些九〇年代的幽魂，還有他們為什麼在二〇一九年的今天，拒絕死去。

## 九〇年代的政治舞台

曾心儀《狂飆一夢》的兩個階段，如果能夠粗略地這樣說的話，好像都是開啟於一個註腳性的創傷事件，如果說一九七九年的橋頭事件和美麗島事件，徹底刺激了曾心儀從文學一頭栽入「狂飆」，那一九八九年鄭南榕、詹益樺的相繼自焚（在綠色小組的影像中，曾心儀的身影出現在鄭南榕自焚後的那天雜誌社樓下，這段並沒有剪進紀錄片中），則似乎是另一個轉捩點，在之後的十年間，將曾心儀連同群眾拋入一個離軸心政治越來越遙遠的軌道中，獨自面對巨大的創傷、困惑和失重生活的困頓。曾心儀在高雄的這段時間，帶有某種精神放逐的性質。

而是在鄭南榕自焚、天安門屠殺的隔年，「野百合學運」促成了憲政正常化的啟動與次年「動員戡亂」的結束。一九九一年「獨台會案」發生並導致「懲治叛亂條例」的廢除，而直到這一刻之前，「台獨」在法理上依然是「唯一死刑」的罪。鄭南榕的自焚和「懲治叛亂條例」的廢除，也直接間接地刺激了另一波黑名單的回台，同一年，民進黨通過了「台獨黨綱」。而是直到一九九二年的沒人記得的這一刻：五月十五日，「刑法一百條」終於迎來了修法，「台獨」才真正第一次成為了「自由」。對鄭南榕、詹益樺而言，它遲來了兩年（儘管我們無法回答在平行時空中，這個「自由」又是否會同時來臨）。而正是在這個時間點，中國「改革開放」以降的「廣東模式」，在一九八九年的「天安門」屠殺後遭遇了經濟封鎖的困境，中國開始積極尋求華人資本，低廉的生產成本，吸引了台商、港商浪潮般的投資。

是在這樣的政治舞台上，許信良上台了。而他正是在一九八九年偷渡回台的黑名單之一，並在一九九一年底接任了民進黨主席。一九七九年的「橋頭事件」，許信良因參與遊行而被彈劾縣長職務，曾心儀曾參與了對許信良的聲援。一九八六年受到民進黨成立的刺激，許信良曾經試圖返台，那次的「桃園機場事件」嚴重衝突，詹益樺被拖進軍營內毆打。

或許是歷史的玩笑，一九九二年正是許信良真正將「群眾路線」大潮轉向了「議會路線」，而比起隨後一九九三年接任黨主席的施明德，在一九九五年的演說中喊出了「實質獨立」與「大和解」、「大聯合」，如今觀之更令人震驚（或也不令人震驚）的，是同一年許信良對台商發出了「大膽西進」高呼。一九九六年民進黨總統大選失利後，他又重新取得了黨主席的職務直到一九九八年。該年年初，黨內進行了「中國政策大辯論」，「大膽西進」最終成為「強本西進」，當然還有之後阿扁的「積極開放、有效管理」，云云，等等。

而九〇年代的黑色幽默感是，在度過「台海飛彈危機」並當選第一屆民選總統之後，是與本土財團結盟的李登輝提出了「戒急用忍」。至於許信良，多年後的今天，在「西進大陸，一統中國」和「三訪延安」之後，我們還能夠在網路上看到這個丑角。

## 《獨立時代》：「亞洲價值」、獨立與責任

楊德昌一九九四年的《獨立時代》正是以驚人的警醒在浪頭的尖端捕捉到了這樣的黑色幽默感。

該年五月《獨立時代》在坎城首映，並隨後在台灣獲得了乏人問津的票房，當年的台灣

影評人是如此地缺乏能夠用以理解《獨立時代》的語言，以至於只好用貧瘠的道德說教與耽溺的自言自語這樣的評價，來為自身的閱讀挫折和困惑下定義，正巧告訴了我們，當年的評論家是多麼地無法了解自己的時代。

然而這樣的挫折乍看之下或許並非完全無法理解，畢竟在所有上述的九〇年代初的狂歡之中，一部叫作「獨立時代」的電影，卻通篇不談民族主義、幾乎避開所有可辨認的影像政治符號、不從歷史、群眾與階級切入，卻是通篇關於當下台北的一個中產階級、富商、公務員、知識份子、媒體人社群，如何在暴富的城市中瘋瘋癲癲，而英文片名又告訴我們，它是如此抽象地關於「儒者的困惑」（A Confucian Confusion）。

然而《獨立時代》相當清楚他要講什麼：透過誇張的卓別林式卡通化，楊德昌為九〇年代初的台北集體精神狀態下定義：「資本主義痙攣」。《獨立時代》因而或可謂是《摩登時代》的某種反面：在後者中，卓別林飾演的工廠工人在離開生產線後，卻止不住地「痙攣」著用手鎖著不存在的螺絲（楊德昌直接將卓別林的立牌放在阿欽背後與之致意）；在前者則是台北的資本家和中產階級，在持續緊繃地相互獻計、算計、猜忌的指控中逐漸精神癲狂。是在這兩群人身上，楊德昌看到了相似的痙攣。

再來，看似迂迴的訊息其實是由非常系統性的方式發出：資本在片中被Larry與人際間的象徵債務（情）作了比擬，《獨立時代》中的政治批判因而是透過某種被壓抑在人際互動底下突然爆發出來的「佛洛伊德式錯誤」（Freudian slip）表現出來的。而在片中被壓抑的，正是九〇年代初的「西進焦慮」以及「國內政局」。「情」難道不正精準捕捉吳介民所謂「尋租中國」的各種潛制度安排嗎？

是因此我們才能開始理解，為什麼小明會有「義和團、文化大革命、天安門、一統天下，通通正常。」的困惑；為什麼台商阿欽初登場會提到剛跟「黨委」唱完ＫＴＶ；身邊會有Larry這樣的智囊（政治代理人），一邊對他耳語「不是發明撐死政策你忘了？她愛吃什麼，我就餵她什麼，餵到她倒胃口，餵到她媽撐死為止……再也沒有藉口出去獨什麼立了啦！」一邊把錢放進自己的口袋；為什麼楊德昌會把九〇年代初台北的意識形態繽紛色彩定義為「你所看不懂的後現代喜劇」，而「後現代」劇場藝術家Birdy，為什麼會想去當「政治家」，高呼「民主就是票房」；為什麼當阿欽在電影最後，把氣急敗壞地大罵著「我是為你好」的Larry推進電梯裡的時候，會嘟囔「國民黨和民進黨，都嘛這樣講」。

當我看到一九九四年前後的許信良的時候，我就懂了。

《獨立時代》片末有一個非常深刻的一幕：在將 Larry 推進電梯後，阿欽拿起 Larry 稍早用來追砍 Birdy 的道具刀，在空蕩蕩的、擺滿荒謬東方主義式中國圖騰的劇場空間中，自得其樂地揮舞。這是一個具有三重深意的畫面：在表面上，這一幕是關於阿欽如何終於擺脫了寄生在自己身上的代理人，一派輕鬆，悠然自得；在第二層，是阿欽其實到最後都根本不曾意識到 Larry 覬覦自己未婚妻的真正意圖，阿欽的「獨立」不過只是一場誤會，就像拿到零用錢就以為自己已經擁有經濟能力的孩童，沾沾自喜地揮舞著剛獲得的自由；但最深的一層，其實是一個關於「台商」警語：因為在全球價值鏈中的角色、在廣東模式中的特殊身分以及一群巴結自己的政治代理人，一大群人手中突然獲得了巨大的權力，穿著西裝舞著新獲的刀劍，在中國和全球資本主義的處女地開疆闢土，卻同時失去了可運作的道德座標。

其實 Larry 追砍 Birdy、阿欽把 Larry 推進電梯的這場戲，以及姊夫的天橋邊緣，都已經有看似要從鬧劇轉成恐怖的傾向。而大家總說楊德昌刻薄無情、憤世嫉俗，然而楊德昌大可對台商，或者對整個《獨立時代》都更加無情。如果你看過一九九三年「里見工作室」的紀錄片《台胞》，裡面有一段台商的自述是這樣說的：「我在台灣沒有成就感嘛！我在台灣沒有人理我，我是 nothing。我來這裡很神氣啊！開始耀武揚威起來了。所有的你可以想像的人類的惡行惡狀都跑出來了。」片中宛如集權主義小藩國的台資工廠，直到賀照緹二〇一〇年的《我愛高跟鞋》，依舊聳立。

然而《獨立時代》的阿欽終究不過是個可愛的小丑，是楊德昌很清楚，他的目標是整個儒教社會集體對這個新獲權力的迷茫，他的目標，是指出在這個「痙攣」的病徵之下，是我們集體道德座標的缺乏，於是喜劇被用來緩和這個集體的道德重量，而阿欽最後陰錯陽差的轉折，或可說是楊德昌對阿欽天真的尊敬，因為這個天真，至少在這一刻，還沒有黑。

這讓我想到一個很有趣的對比，儘管楊德昌取樣的是卓別林，然而他其實是在處理賈克・大地（Jacques Tati）的主題，是主體對自身存有狀態的懷疑，在這個意義上，楊德昌在九〇年代做的事情，其實更讓人想到作為大地某種精神繼承者的布魯諾・杜蒙（Bruno Dumont）的最近幾部黑色喜劇電影。而就像杜蒙所謂我們展現的，這個喜劇在骨子裡其實已經是很黑的了。

總結《獨立時代》的診斷：被儒教束縛的人們，突然在資本主義世界暴富了起來，集體主義（情）瞬間被交換價值扭曲成某種面目可憎的東西，因此遑論國家的獨立，我們甚至無法從全球資本主義最膚淺的誘惑中定義自己，從新的集體主義（威權資本主義）和人情政治中獨立，「我是為你好」的背後，正是每一個人都不想為自己的行為負責，而「獨立」、「自由」這種意味著為自己負上百分之百責任的東西，對「儒者」來說無非是最令人焦慮的、世界上最恐怖的東西，因此像 Birdy 這樣的「後現代」政治家才會大受歡迎（民主就是票房），它無非意味投票給不投票，是主體對自身自由的拒斥。

今日觀之，楊德昌當年的抽象或許正是他最高明的地方，他不選擇用國內的政治圖騰塗滿畫布，而直接對「亞洲價值」進行批判，並將之與全球資本主義和台灣的獨立問題放在一起思考，或許正是為什麼他這部當年乏人問津的電影有辦法在二十五年後的今天，看來前所未有地充滿洞見。

## 《麻將》：帝國之間和香港的命運

作為《獨立時代》延續的，一九九六年的《麻將》楊德昌就不再客氣了，或許是楊德昌意識到觀眾並沒有理解《獨立時代》的悲劇危險。它首先是楊德昌對香港即將迎來九七「主權移交」的回應，然而它遠遠不只是關於地緣政治或某種模糊的「金權腐敗人心」，楊德昌的診斷非常明確：它關於「全球價值鏈」，是在這個意義上台灣、香港、歐美和中國被拉在一起。因此《麻將》若有副標，或可稱作「全球價值鏈的掠食遊戲」。

在這個遊戲中，位處核心的掠食者，往下游邊陲掠食更弱小的獵物，然後層層掠食下去。來台灣混出一片天的白人馬克和 Ginger，便成為包括被電影隱射的馬特拉公司（軍火商、交通運輸服務）等上游強勢（西方）掠食者的換喻，然而他們具體被設定為被從核心淘汰出來的失敗者，在半邊陲台灣搖身一變成為各據一方的小資本家，亦同時直指此一食物鏈的支配和羞辱性質，台灣既是他們的市場，接受他們在核心無法競爭的服務／產品，也提供他們廉價的成本（Ginger 被暗示在台灣經營賣淫生意，而紅魚一度意圖仲介迷失街頭的法國女孩馬特拉給 Ginger）。

然而更往下游的，是「紅魚詐騙集團」，一個「廣東模式」令人不寒而慄的換喻：由張震飾演的「香港」透過自身的魅力和甜言蜜語（國際金融樞紐）誘惑女人（市場／下游廠商、勞動者），詐騙集團成員（來自台灣、香港與世界的上游資本）再「借道香港」剝削與支配女人和她的性（利潤），而在眾人設計 Alison 的這場戲中，《獨立時代》透過荒謬的角色與情境所製造的喜劇性已經蕩然無存，它赤裸、荒誕、恐怖、令人作嘔。同時也是在這個意義上，楊德昌的《麻將》可謂二〇一八年婁燁的《風中有朵雨做的雲》的先行者，一個更加艱辛、來自不同視角但同樣關於「廣東模式」的隱喻。

在這個更加慘白的描繪中，楊德昌用張震在面對已經失去價值的絕望獵物 Alison 的痛苦哀求時，張震的一個問句定義了「香港」並預言了他的命運：「什麼是崩潰啊？」這句台詞被用一種令人不寒而慄的、真誠的困惑被張震說出來，好像他從來沒有聽過「崩潰」這個詞而無法理解它的意思，彷彿這個概念被「除權棄絕」（foreclosure）於這個人的象徵秩序之外，正是楊德昌對「香港」的定義：一個「前人格」（前主權）的某種「東西」。Alison 用悲慘的尖叫回應了這個問句。

在張震飾演的「香港」最終被三個「香港女人」反噬的這個帕索里尼（Pier Paolo Pasolini）式的場景裡，我們意識到「香港」作為一個符號怪誕的「增生」（multiplication），好似一個面對「閹割焦慮」（castration anxiety）的「戀物否認」（fetish disavowal）症狀，對佛洛伊德（Sigmund Freud）而言，「陽具的增生」往往正意味著對「閹割」的徒勞遮掩，也就是「沒有陽具」，因此電影彷彿是意識到「香港」（陽具）即將被閹割，亦即意識到「沒有香港」（沒有陽具），因而絕望地透過大量增生「香港」的符號徒勞無功地試圖阻止「香港」被閹割的發生。然而這個願望被殘酷地否定，這個否定，被怪誕地具象化為「香港」增生為三個「香港女人」，一個再清楚不過的訊息：「陽具必然的閹割」。

最終作為創傷「真實域」（real）穿透這個場景，乃至整部電影的，是「香港永無止盡的哭聲」，是在這裡，《獨立時代》的「撐死政策」和「一國兩制」似是抵達了它邏輯結果。殘忍的是在這一刻，「香港」才終於明白「崩潰」是什麼，然而它不只是一個來得太晚的創傷的哭聲，更是一個來得太晚的誕生的哭聲，「崩潰」意味著意識到「前人格」狀態的無法忍受，這因而同時是一個在「崩潰」中誕生的「主體」的哭聲。

也是在最後紅魚必須面對他「伊底帕斯式的命運」（Oedipal fate），也就是意識到自己正是造成這場瘟疫的原因，意識到自己對自身罪過的盲目。邱董之所以最後被紅魚殺死，正是因為邱董正是紅魚的鏡像，或者說，鏡像的對立，邱董作為一個失意台商（幾乎是阿欽的反面），在電影最後宛如無法勃起的陽具的猥瑣噁心，正對比著從電影一開始便作為生機勃勃的淫穢陽具的紅魚。「你跟小活佛我們一起賺大錢！」紅魚稍早所有的台詞，都在這裡從邱董口中以一種最令人無法忍受的方式打擊著紅魚。

事實上直到紅魚打傷邱董，宛如《牯嶺街少年殺人事件》中的小四刺殺作為「不可改變的世界」的小明，紅魚都還不能真正面對自己，就像小四最終並未意識到自己處於幻想之中。差別在於，紅魚最終得知了牧羊人的訊息，也就是安琪拉並非安琪拉，是在這一刻紅魚真正成為伊底帕斯，他不再能懲罰任何人而只能懲罰自己，紅魚赤裸地與自身的令人作嘔的淫穢遭遇，在解體的鏡像中遭遇真實域。

全球資本主義的牌桌同時也是政治的牌桌，片中香港的命運，和魯蛇馬克的英國人身分，都不禁令人想到鄭智化的歌詞「一九九七要解放香港，日不落帝國向中國投降」（事實上鄭智化實際參與了《麻將》電影原聲帶《去香港看看》，並獻出了〈麻將〉和〈拉客〉兩首歌曲）。

「……十年後，這裡可能會成為世界的中心，西方文明的未來將立足於此，而你知道最奇怪的是什麼嗎？我們研究過歷史，十九世紀是帝國主義的輝煌時代，那你等著看二十一世紀……」馬克看著台北街頭對馬特拉評論，在「『香港』被『香港女人』吞噬」和「『這裡』將成為新帝國主義的中心」中很顯然地存在的「符號短路」其實正是再清楚不過的訊息，就像《獨立時代》大談「一國兩制」卻完全不談從「什麼」獨立出去，「中國」宛如符號系統中的裂隙，唯有在創傷爆發時能夠被遭遇。

如果仔細看《麻將》，你會發現放了一面巨大的美國國旗、牆上貼滿各種流行文化符號（披頭四、ＮＢＡ）的綸綸家是一個多層出租公寓，柯一正飾演的綸綸父親是房東，而出租對象則是各種西方外國租客。綸綸是我們唯一看到紅魚詐騙集團中有一個比較正常的家庭關係和家庭空間作為庇護所的人，然而綸綸父親卻又全然不過問綸綸的生活甚至毫無交集。

這個設定因此應該要反過來看：「作為房東的美國與作為房客的台灣」。綸綸天天跑出去和紅魚詐騙集團鬼混，或可視為是拉扯於「廣東模式」、中國軍事威脅與美國庇護／支配之間，全球價值鏈中的台灣的精神狀態。而楊德昌讓綸綸在電影片末，在街頭與象徵歐洲藝術電影的現代性反思的法國女孩馬特拉親吻，所提問的正是在中美帝國政治與全球資本主義遊戲的上下游拉扯之間的綸綸，是否有可能產生自己的反思，從而避免香港與紅魚的命運。

除了香港即將在一年後迎來的帝國間的主權轉移，在一九九六年二月《麻將》於柏林影展首映過後的僅僅一個月，正是台灣有史以來的首度總統直選，以及自一九九五年李登輝訪美以降的「台海飛彈危機」最緊張的時刻，九〇年代台灣政治版圖的轉捩點。至此，楊德昌留給我們的九〇年代初的巨觀座標，從台商到一國兩制、從儒教到全球資本主義、從後現代政客到發大財詐騙集團、從香港到台灣的命運，楊德昌正巧紀錄了一個新的體制的逐漸成形，而直到它在二十多年後終於面臨它的系統危機，我們才回溯性地發現，楊德昌並不是預言，只是在還沒有人注意到的時候，提前告訴了我們它的邏輯結果。

## 一九九六、「建國」、「群眾」

是在這樣的巨觀座標中，我們才能開始理解微觀中的人們的命運，才能開始理解曾心儀和康惟壤所面對的東西。他們都在九〇年代退出了民進黨加入了新的組織，然而這些吸納了群眾的組織卻也都在新生之時便迅速進入了遲暮，而一九九六年在各種層面上來說，都可以說是一個轉捩點。

康惟壤退出民進黨稍早於曾心儀，在之後加入了環保聯盟和一九九三年成立的左翼《群眾》雜誌，後者隨即成為《群眾之聲》地下電台。在《狂飆一夢》中康惟壤的歷史錄像畫面，大多便是來自這兩個身分（反核運動和《群眾》的街頭宣講）。

在《群眾》身上，失去民進黨的「群眾」，霎時間似乎找到了一個能夠延續自己演出的舞台，而一直處於邊緣的台灣左翼運動，在接收了基層群眾的力量之後，似乎在一個很短暫的時間裡，乍現了一個新的曙光，一個新的可能。然而漸漸移出民進黨，卻還沒找到新的著力點的台灣民族主義的熱潮，遮掩了這個還沒站穩腳步的左翼根基的脆弱。

而正是在一九九六年的這場總統大選中，在挺過飛彈危機的李登輝身上，中華民國、台獨、國民黨、本土化像是失去了外形邊線（outline）而彼此渲染暈擴的色彩，逐漸形成了一個新的正當性的形體，民進黨無法定義自己，最終以大敗收場，《群眾》的短暫的煙花急速地萎縮下來。

特別是在一九九六年三月總統選舉後，《群眾之聲》聽眾大量流失，以反國民黨、福佬人為主的《群眾之聲》聽眾流失。關鍵在於李登輝代表的國民黨本土派一九九〇年代開始尋求民進黨部分派系結盟，形成福佬人為主的台灣國族主義聯盟，「本土化」、「民主化」等詞彙盛行，取得台灣國族主義意識形態的文化領導權。也有研究顯示一九九六年後地下電台進入衰退期（陳清河，2004），顯示國民黨李登輝為首的本土派勢力與民進黨合作，主導了台灣國族意識形態的形塑與發展。

一九九六年李登輝當選首任台灣民選總統，更象徵「台灣人出頭天」，代表資產階級主導的「台灣民主化」已經完成，李登輝的「台灣人」身分，也消解了以「省籍路徑」的台獨運動支持者反抗國民黨政府的力量，使從黨外運動路徑，標舉左翼、提倡階級意識的《群眾之聲》，不敵國府長期的「恐共」、「恐左」宣傳，在張金策於省議員落選後，《群眾之聲》淡出民進黨，也使《群眾之聲》未能繼續在黨外運動內，與民進黨主流右翼觀點爭奪文化領導權，在缺乏聽眾、贊助者捐款支持下，走向衰微、關閉。——林恕暉，〈張金策與一九九〇年代的台灣左翼媒體：《群眾》雜誌及《群眾之聲》電台〉

然而還有另外一群「群眾」還沒有意識到這點。

藉由一九九五年七月的中國飛彈試射這個機會，林山田和一些地下電台的夥伴，在台北市政府創立了「建國廣場」，吸納了一些從民進黨出走的獨派力量，也為之後建國黨的誕生埋下了伏筆。於是以民進黨的挫敗作為最後一根稻草，建國黨於一九九六年十月六日成立，曾心儀離開了民進黨加入建國黨。

曾心儀和康惟壤，曾經在許多次的狂飆中擦肩而過，在美麗島事件、在新光紡織場的罷工、在鄭南榕的靈堂。然而正是在一九九六年的街頭，兩人有一次特別具有象徵意義的同台。

當年林山田忙於籌組建國黨，「建國廣場」便由傅雲欽接手，十月十二日晚上的演講，主題是「群眾運動經驗談」，正是由曾心儀主持，康惟壤與談。十月十八日，立法院覆議核四是否停建，「建國廣場」和《群眾之聲》便合作號召了群眾到立法院前，砲轟民進黨（和新黨）是「假反核、真勾結」，形成一幅「建國／群眾」和民進黨的群眾隔空對罵的場景，而群眾宣傳車上的，正是曾心儀和康惟壤。

那天酷熱，曾心儀在宣傳車上聲嘶力竭，兩邊的支持者一度眼看要拳腳相向，康惟壤跳下宣傳車，和警察當和事佬，拍拍情緒火爆的阿伯們的肩膀。這也是我們找到的兩人同台的唯一歷史影像。

一九九八年，《群眾之聲》正式結束營運。而也是在同一年，建國黨提名了曾心儀參選台北縣第三選區立法委員，曾心儀形容的「自殺式攻擊」，最終只獲得了0.51%的投票率。

同一選區的一位國民黨競爭者，今天大家都知道他是誰，這個人叫韓國瑜。就這樣，心儀姐和這個在二十多年後可能成為台灣的路易・波拿巴（Charles-Louis Napoleon Bonaparte）的人，擦肩而過。

翻開當時報紙，版面小到不能再小的地方，十月三日，在「和平統一促進會」前絕食抗議遭到逮捕；十一月二十二日，發動反中資介入立委選舉活動；十二月四日，到調查局丟蘋果抗議其對中資介入不作為。

如今觀之，心儀姐走在時代太前面的地方。

## 《路易・波拿巴的霧月十八》和拒絕死去的幽魂

如果我們設想一部電影，它的第一幕，是作為宏觀座標與背景建立的《獨立時代》和《麻將》，它的第二幕是《狂飆一夢》中九〇年代以降漸漸失落的曾心儀和康惟壤（他們七〇年代末以降的狂飆被以閃回的形式呈現），那麼它關於二〇一九年的第三幕大概會是某種馬克思（Karl Marx）的《路易・波拿巴的霧月十八》（The Eighteenth Brumaire of Louis Napoleon）的改編？十四年前寫下〈連戰的「霧月十八日」〉痛陳其荒謬的姚人多，當年大概也難以想見今日的情節，「好戲還在後頭」……。

然而必須注意的是，這個劇情，並不應該在一種將字面上相似的名詞畫上等號的意義上被理解，而應該是在宏觀歷史的，經濟條件和政治社會大推動力所造就的必然辯證關係的意義上被理解，在齊澤克（Slavoj Zizek）引用班雅明（Walter Benjamin）所言：「任何法西斯的崛起都見證著一個失敗的革命。」（Every rise of Fascism bears witness to a failed revolution）所試圖告訴我們的，今日世界症狀和它的病灶的意義上被理解。它不是一個重拍，而是一個精神改編。

而是在這個意義上，我們才有辦法去理解我們故事中的「群眾」，這個在黨外運動中被動員的階級群體，在今天為何會被它的一切對立面所動員。

也因此儘管軍公教群體和「群眾」的聯盟、國民黨在二十世紀台灣的黨國統治遺緒、及其亟欲與今日的帝國主義中國形成主從關係的瀕臨絕望的精神錯亂、中國在全球資本主義中的資本滲透、以及中華民族主義意識形態，共同構成了一種特殊的歷史條件，若只是著迷於台灣的歷史特殊性，將冒著忽略另一個核心推動力的風險，忽視那個馬克思所謂的「法國小農及其迷信」的當代變形。

而正是在這裡，我們想到了康惟壤和他的《群眾》，而「左翼群眾」在九〇年代的消失，正是這個推動力的序曲；金融海嘯以降的自由主義世界經濟秩序的失靈，則是它從醞釀其物質條件的沉睡中的甦醒；它的第一個短暫偽裝為新未來而後繼失靈的假高潮，是太陽花和它有如拉岡（Jacques Lacan）所謂「嫉妒丈夫」的奇怪遺產黃國昌和他的時代力量；而它揭露自身的真正的高潮，則是二〇一八年十一月二十四日的選舉。

在這個意義上，我們才能將韓國瑜、柯文哲等等登上今日台灣政治檯面的機會主義式的滑稽丑角，這些喜劇之王們，這些《獨立時代》中 Birdy，《麻將》中的小活佛，看作是它的喜劇之王典型先祖路易・波拿巴的某種基因遺傳變體。換言之，在他們身上，以及在他們的遠親，即金融海嘯以降的這近十年間世界各國崛起的極右領袖和民粹勢力身上，看到路易・波拿巴的拒絕死去的幽魂。

是在一個世界尺度上同時也是微觀尺度上的回溯存在的、假設性的左翼革命的沒有發生中，在全球左翼虛無化後所留下的政治真空，我們才能看到那個極右勢力崛起的溫床，才能看到那些被現存體制拋棄的，找不到政治代理人的「群眾」。

康惟壤和左翼《群眾》在九〇年代的沒落，曾心儀當年無人知曉的反中資的呼叫，因而似是一個被太晚理解信息，他們太早地殞落於一場太過孤獨的戰鬥，我們因而不禁好奇，如果《群眾》作為一個政治力量沒有在九〇年代的台灣政治版圖消失，並持續作為一個存在於泛本土派內爭奪文化領導權的力量，今天的韓國瑜和其他的機會主義者，是否有辦法以如此的氣焰崛起，而不用首先面對「群眾」，而不是在它的幻覺中綁架它。而難道今天民進黨最急切地需要的，不正是找回它曾經和「群眾」的失落連結？找回它曾經擁有的失落的可能？

九〇年代的幽魂它拒絕死去，然而今天的民進黨已經不再是許信良的民進黨，今天的國民黨也已經不再是李登輝的國民黨，今天的香港已經不是當年的香港，今天的中國也已經不再是九〇年代的中國。

然而還有另一個幽魂……一段沒有被剪進《狂飆一夢》的，是曾心儀母親唱了〈桃太郎〉的那一天，心儀姐試圖和母親提起自己因美麗島事件被警備總部帶走的那天，心儀姐告訴我們，母親念佛念了一天，求佛放過女兒。似乎沒有理解問題，曾母突然很恐懼，顫顫說起自己如何躲到水溝裡，看著街上的人被軍隊射殺。她說，好恐怖。隨後我們意識到，這是二二八，一九四七年曾心儀的母親就在那裡。林宅血案的那一代曾經在深淵中閃見那個幽魂，如今整個香港，正在跟同一個拒絕死去的幽魂戰鬥……。

所以這部假設性的電影的核心的錨會是什麼?或者說，不論這個第三幕將結尾於二〇二〇年的選舉，或者是二〇二〇年之後即將迎來的一場不論是災難或者是一場奇蹟，或者是某種無限遠之處，它的最後的一顆鏡頭，作為它迴光返照的最後一個時刻，會是什麼?或許我們能夠動用一些剪輯，發現它將是《狂飆一夢》中的一個場景。

如果要我說我從《末代叛亂犯》到《狂飆一夢》所觀察到現在，一點我對建華的批評的話，或許是建華對於給予我們一個積極的座標這件事情上，還是有點太過度地被動而謹慎了。因為太常的時候，幽魂不會自己歸來，而在錯過幽魂的地方，作為台灣紀錄片太常出現的傾向，一種虛假的溫情主義就會出來將影片綁架，而極端地被動，便會突變成極端地粗暴。

然而在《狂飆一夢》最重要的地方，證明了我的多慮。

當曾心儀在母親過世之後回到家中，突然問起建華，你是否看過人死後的面容。沒有任何的音樂和旁白告訴你你現在應該要感受到什麼，沒有剪輯，沒有關於歷史或人生的溫情主義式感慨，也沒有創作者試圖擠出什麼偽哲學的思索，只有雨水打在鐵皮上的聲音微微地迴盪在空蕩蕩的屋內，以及曾心儀空洞的眼神。是在這一刻，幽魂終於歸來。

這個幽魂，不是曾心儀母親的幽魂，不是一個被殘忍地與兒女拆散的母親（心儀姐）的幽魂，不是詹益樺、鄭南榕的幽魂，不是群眾的幽魂，不是民主運動或民族主義的幽魂，更不是台灣歷史的幽魂。

這個幽魂，是作為真實域之荒漠的幽魂，是生命的沉默。

是在這一刻，《狂飆一夢》找到了它的核心。

我們每個人，在面對這個生命的沉默的時候，都有一種最低限度的自由，去做選擇。曾心儀和康惟壤，選擇拒絕讓幽魂死去。他們將自己的存有，體現為這個幽魂本身。

而這正是《狂飆一夢》為我們捕捉到的最重要的東西。當其他拒絕死去的幽魂，將世界變成他們怪誕的恐怖鬧劇，我們需要另一種幽魂與之對抗，而曾心儀和康惟壤所告訴我們的，正是還有另一種幽魂，它還在這裡，它也拒絕死去。

寫於二〇一九年秋

# 台灣第一個左翼廣播電台——《群衆之聲》與《群衆》雜誌

作者簡介 林恕暉
曾任《群衆》雜誌編輯與《群衆之聲》助理主持人，現任台北市勞動局機要秘書。

基層黨工出身的康惟壤於一九九〇年曾是新潮流公職李逸洋服務處主任，之後卻脫離新潮流組織，轉而參加彰顯階級問題、為中下階層人民發聲的左翼團體《群眾》雜誌與《群眾之聲》電台。一九九〇年代的《群眾》如何進行左翼的政治工作？本文將簡述當年《群眾》的起源、發展、運作的樣貌，若想更進一步了解《群眾》的歷史，可參考個人論文〈一九九〇年代的台灣左翼媒體——《群眾》雜誌及《群眾之聲》電台之個案研究〉，論文已全文公開，獨立媒體《公庫》也有《群眾之聲》的資料，歡迎參閱、指正。

《群眾》是一個於一九九〇年三月野百合學運後的社會運動興盛時期，由黑名單流亡人士、海外左翼留學生、台灣基層黨工、學運學生組成的左翼運動組織，主要組織者為黨外運動者張金策、黑名單人士鍾維達、基層黨工康惟壤、台灣學運學生黃泰山、林正修……等人，以張金策為領導者。

張金策於一九七〇年代擔任宜蘭縣礁溪鄉長，是當時黨外運動最年輕的鄉長，宜蘭黨外人士林義雄從政之初也曾認張金策母親為義母，張金策也曾替林義雄助選。但張因反抗國民黨威權統治，受誣陷貪汙五千元入罪停職，他仍北上擔任黃信介集結黨外人士發行的《台灣政論》（被譽為《美麗島》等黨外雜誌的原型）副總編輯，撰寫文章批評時政。《台灣政論》被國民黨政府停刊後，受人權團體邀請參加美國國會的台灣人權聽證會，他一九七七年自宜蘭搭船出海、游泳登上日本與那國島、經東京轉赴美國華盛頓，在美國國會提出國民黨迫害黨外人士的諸多事實。國民黨政府卻仍不知他已偷渡出國，使國民黨政府灰頭土臉，憤而通緝張金策，張因此滯留海外，他先任「台獨聯盟」宣傳部長，但在巡迴美國各地向海外留學生、台僑演講時，深受當時在美國的左翼團體「台灣人民社會主義同盟」成員左雄等人的吸引。該組織機關報《台灣人民》停刊後，左雄等人於一九七五年發行《台灣革命》刊物、一九七七年再發行《台灣時代》，集結不少左翼留學生進行左翼思潮傳布工作。張金策認為左派思潮才能改造台灣，於一九七九年七月宣布脫離右翼的「台獨聯盟」，開始從事左翼思潮的宣傳、組織工作，並陸續發行《海外政論》、《台灣天地》等刊物，提倡推翻國民黨統治、社會主義主導的台灣民族解放運動，凸顯國民黨結合黨國權貴、台灣資產階級統治的階級問題是台灣社會的主要矛盾，主張進行由左翼主導推翻國民黨運動的「一階段革命論」，並結合鍾維達、許文龍等多位海外黑名單留學生進行左翼思潮傳布運動，《台灣天地》刊物內的許多台灣工農圖案，也出現在後來的《群眾》雜誌內。

一九八七年台灣宣布解嚴，黑名單開始鬆動解禁，鍾維達、許文龍等人陸續返台，進入黨外、校園進行串連組織工作，結識了康惟壤、黃泰山、林正修等人，分別在「勞工陣線」、「北基會」、「環保聯盟」等社運團體進行組織工作，更有別於由學者主導的環保聯盟總會，發展出「環保聯盟台北分會」（知名反核團體「綠色公民行動聯盟」前身）等草根環保組織，成員也透過在台北縣市各地助選等方式，串聯基層黨工，批判「幹部評鑑納入提名機制」等公職至上的民進黨內文化，反對民進黨以台灣人為號召，卻與黑道、財團、國民黨等政商聯盟合作的「李登輝情結」。在一九九二年張金策返台後，他集結上述組織者，以其黨外人脈、資源成立《群眾》雜誌，「為工農小市民翻身戰鬥」為號召，巡迴全台各地廟口、公園、夜市舉辦演講會的方式販售雜誌。

一九九三年起地下電台風潮興起，張金策轉而向黨外人士募資於一九九四年將《群眾》雜誌轉型為《群眾之聲》電台，由於當年電視台、電台充斥國語節目，無法以台語（閩南語）討論政治。《群眾之聲》開放 call in 以台語談政治等議題，深受歡迎，加上《群眾》雜誌成員歷經兩年巡迴演講訓練，練就深厚的街頭台語即席演講功力，使《群眾之聲》成立後深受歡迎，許多節目經常 call in 滿檔，眾人也力拱張金策於一九九四年底台灣第一次民選省長時參選省議員，張金策也獲得民進黨提名於北縣參選，《群眾》康惟壤等人則參與助選，因國民黨於當年七月對《群眾之聲》電台抄台、沒收機具，並發動八〇一反抄台抗爭遊行。當時在中國民族意識、台灣民族意識開始激烈對抗，《群眾之聲》以台灣民族解放運動為路線的左翼集結也達到高峰，《群眾之聲》堅持不播廣告的運作模式，經常參與《群眾》活動的組織成員達數百人。

但選前數天因同選區同黨另一候選人炒作被黑道毆打，導致票源分散，張金策意外高票落選，隔年張再度參選立委，但違紀參選遭民進黨開除黨籍，張因此落選，其他地下電台則因依靠民進黨公職而轉為合法電台，張金策無公職在身而難以合法化。雖然《群眾之聲》電台具一定支持群，但一九九六年台灣首次總統民選，台灣從黨國威權體制轉變為資產階級民主體制，右翼資產階級主導的台灣國族意識形態取得文化領導權，民視等右翼資產階級主導的「台灣意識」媒體興起，《群眾之聲》左翼運動路線因此陷入低潮。《群眾之聲》工作人員雖自願減薪、勉力維持電台運作，但電台功率不足、頻道屢遭覆蓋，導致聽眾流失、財務困難，直到一九九八年停止運作。

《群眾》雖然解散，但多年來包含康惟壞在內的等許多成員，持續在各領域參與社會運動、政治運動，延續左翼運動香火。

狂飆一夢

# 台灣民主化與沒有歷史的人

THE PRICE OF DEMOCRACY


編　　者　廖建華‧何孟樺

校　　對　廖建華‧何孟樺

協力編輯　楊佩穎

美術設計　蘇伊涵

特別感謝　張黃雪枝

指導贊助　國家人權博物館 NATIONAL HUMAN RIGHTS MUSEUM

出 版 者　廖建華



jaykeonps@gmail.com

郵撥帳號｜(700) 0051102-0336601



出版總監　廖建華

出版日期　2020年2月初版一刷

定　　價　新台幣550元

總 經 銷　前衛出版社＆草根出版公司

地址：104台北市中山區農安街153號四樓之三

電話：02-2586-5708｜傳真：02-2586-3758

國家圖書館出版品預行編目（CIP）資料

狂飆一夢：台灣民主化與沒有歷史的人 / 廖建華, 何孟樺編. -- 初版. -- 嘉義市：廖建華, 2020.2

372面；14.8×21公分

ISBN 978-957-43-7139-6（平裝）

1. 社會運動史 2. 臺灣民主運動 3. 臺灣

733.2929　　108017404